宁夏自然科学基金项目（NZ14044）
宁夏大学"中西部高校综合实力提升工程"建设项目资助

RESEARCH ON LAND PRICING IN CHINA
FROM THE PERSPECTIVE OF MODERN FINANCE

基于现代金融学视角的
土地定价问题研究

房彦兵 · 著

黄河出版传媒集团
阳光出版社

图书在版编目（CIP）数据

　　基于现代金融学视角的土地定价问题研究 / 房彦兵
著. -- 银川 : 阳光出版社, 2016.4
　　ISBN 978-7-5525-2490-1

　　Ⅰ.①基… Ⅱ.①房… Ⅲ.①地价—定价—研究—中
国 Ⅳ.①F321.1

　　中国版本图书馆CIP数据核字(2016)第082348号

基于现代金融学视角的土地定价问题研究　　房彦兵 著

责任编辑　赵维娟　朱双云
封面设计　晨　皓
责任印制　岳建宁

黄河出版传媒集团　出版发行
阳光出版社

出　版　人　王杨宝
地　　　址　宁夏银川市北京东路139号出版大厦（750001）
网　　　址　http://www.yrpubm.com
网上书店　http://www.hh-book.com
电子信箱　yangguang@yrpubm.com
邮购电话　0951-5014139
经　　　销　全国新华书店
印刷装订　宁夏精捷彩色印务有限公司
印刷委托书号　（宁)0000768

开　　本　787 mm×1092 mm　　1/16
印　　张　15.25
字　　数　200千字
版　　次　2016年4月第1版
印　　次　2016年4月第1次印刷
书　　号　ISBN 978-7-5525-2490-1/F·43
定　　价　38.80元

摘　要

　　"劳动是财富之父，土地是财富之母。"土地是人类社会最原始的生活资料来源；土地是人类社会最原始的生产资料来源；土地为人类社会各行各业的建立与发展提供场所与基地；土地为人类一切劳动产品提供物质基础；土地是国民经济的基础性产业——农业不可替代的生产资料。由于中国特殊的历史传统和国情，土地是中国社会稳定、民族自强自立的基础。土地制度是人类社会最基础、最根本性的制度。市场是解决经济问题的最佳工具，利用土地市场可以优化资源的配置、提高资源的使用效率。由于中国城市和农村不同土地制度的影响，我国土地市场的发展存在着体制性障碍，因此研究土地定价问题就变得极为重要。

　　本书立足国情，基于资产定价理论、实物期权理论和期权博弈理论，探讨利用房价和房租对土地定价的实物期权方法；研究了三种随机性冲击，即房价、房租、经济冲击对土地价格的影响；并分析了在当前中国的土地制度下，土地价格形成的博弈过程；探索研究土地经营权流转市场的市场经济规律。力求在制度层面、工程层面、技术层面为中国土地定价机制的健康发展提供有益的探索。试图用现代金融学的理论方法理解中国土地市场的经济行为，为以技术手段克服制度的缺陷、为中国的现代化进程提供有益的理论探索，为制定合理而灵活的农民土地征用价格标准提供合理的经济学依据。全书包含九个章节，概要如下。

　　第一章，绪论。对本书的核心内容进行了概括，内容具体包括选题背景和核心问题的提出；研究的目的、意义和创新点；讨论对象的界定和分析方法的介绍；最后，阐述了本书的结构安排。

第二章，当代中国土地制度的演进与定价方法述评。本章首先梳理了土地定价问题的理论脉络、历史脉络和方法脉络。农民的土地应是包括份额所有权、使用权和发展权的有机体系。所有权是产权，土地使用权也是一种产权。其次回顾当代中国土地制度的演进，获得了中国当代农民土地权利发展的一个清晰的理论坐标。最后评述了现有土地定价方法。边际农业价值法、实物期权定价法、时间空间模型定价法等所谓科学土地定价方法都有其适用范围和局限性。本章为整个研究提供了历史依据和经济理论基础。

第三章，实物期权定价方法源流考。本章系统而深入地评述了实物期权定价方法体系。实物期权定价方法来源于不确定性的处理和应对。不确定性的类型决定了实物期权定价方法的适用范围。实物期权定价方法的经济金融学理论基础是：套利均衡原理，市场完全性和有效性假设，风险中性定价原理。由于实物期权具有的特性，实物期权发展为一个丰富的类别。在经典实物期权方法的基础上，复合期权理论、期权博弈理论、模糊实物期权以及不完全信息下的实物期权方法正在得到理论界积极的探索和研究。最后，本章介绍了期权与实物期权的数学模型及求解方法。本章为整个研究提供了数理方法论基础。

第四章，房价与土地价格：一个实物期权分析框架。土地的价值可以分为固定收益部分和期权价值部分。本章视期权价值是房产价格的驱动的单因素美式期权，推导得到了土地价格的解析表达式，并进行了静态比较分析，在不同的市场参数结构下，给出了土地价格和期权价格的值及其比率。

第五章，房价、房租与土地价格：一个双因素欧式实物期权分析框架。本章把土地视为受房价和房租两个随机因素影响的实物期权，并得到了基于房屋价格和房租价格表示的土地价格。分析表明，土地价值的增长率和房屋价格的增长率近似成比例；土地价格的波动率一定超过房屋价格的波动率；土地价格的波动率一定超过房租价格的波动率；并给出了土地价格的增长率超过房屋价格增长率的一个解释，讨论了房租价格对地价的影响。

第六章，地价可以看成是房屋价格驱动的期权，这种定价较科学地反映了土地的价值,当前的房地产调控对房价有较大的冲击,此时地价会有怎样的反映,本章利用带跳扩散过程的美式期权来分析这种冲击对地价的影响。

第七章,结合数理金融学的最新研究进展,把几何布朗运动、带便利收益的几何布朗运动、分数维的几何布朗运动、分数维带跳的几何布朗运动作为土地收益流的基本假设,并推导了各种形式下土地择优期权的解析表达式,可以为土地的择优期权定价提供理论指导。农地所包含的实物期权价值,在使用权无法流通的地方是成长期权的价值;在使用权实现流通的地方是复合期权的价值。农地的发展权定价可理解为成长期权、转换期权、价值成长期权和转换期权结合的复合期权。

第八章,二维随机条件下土地租赁经营的投资博弈模型。本章利用实物期权博弈框架,分析了二维随机条件下土地租赁经营的投资博弈模型,考察了二维随机条件下投资密度和投资成本对投资者决策的影响。当投资密度和初始投资成本比率不对称时,都会对各投资阈值产生影响;较大的投资密度和投资成本比率都能提高投资阈值,影响投资者的投资决策;交叉占优时两投资者都有机会成为领先投资者;相对于投资成本比率的影响,租赁经营密度对投资者的投资阈值影响更大。

第九章,总结与展望。本章首先结合相关的理论基础、研究成果及实践经验对本书研究结论进行系统的解释和探讨,以全面认识农民土地的份额所有权、使用权和发展权对土地定价的影响机理。在此基础上,总结本书的理论贡献和实践启示:结合中国国情,针对土地的定价问题、土地市场的建立、农民权益保护提出了相关的政策建议。最后,讨论了研究局限和后续研究的方向。

本书的主要研究结论如下:

第一,本书基于全国平均的数据,证实了土地开发的价值即房产的价值是地价构成的最主要部分。资本化地租方法不应被用于中国未来的土地转让活动。应用期权方法,能有效地反应市场的灵活性价值,完善土地定价的科学方法,确保农民在土地征用过程中获得合理的收益。

第二,在中国这个二元化的土地市场上,政府的垄断和规制加上土地资源天然的稀缺性加重了社会福利的双重损失,限制了土地的发展权价值实现。为了提高土地资源配置效率,应利用市场这一解决经济问题的最佳工具,逐步建立统一的土地市场,实现土地资源的最优配置,提高国民福利。

第三,土地价格是土地市场的核心,但是这个核心依赖于具体的制度环境。当下的中国产生了浮躁的脱离国情的极端主张,比如主张土地的完全私有化和土地市场的完全自由化。由于中国特有的历史传统和土地资源的独有特质,坚持当下的土地制度是必要的。

本研究使我们对土地定价有了更系统、更深入的理解。在现有研究的基础上,本书的创新点主要体现在:

第一,本研究建立了由土地价格、房价、房租构成的全新的实物期权分析框架。本书基于农户对土地的份额所有权、使用权和发展权,基于无套利方法视土地价格为一个期权,进行了期权定价分析。分析利用了宏观整体的土地价格指数和住房价格指数,分析认为农户对土地的发展权应该得到价值体现,全国平均的数据证实了土地开发的价值即房产的价值是地价构成的最主要部分。资本化地租方法不应被用于中国未来的土地转让活动。中国的土地价格具有鲜明的期权特征,应用实物期权方法进行土地定价是科学、合理的。

第二,本研究通过结合数理金融学的最新研究进展,将几何布朗运动、带便利收益的几何布朗运动、分数维的几何布朗运动、分数维带跳的几何布朗运动作为土地收益流的基本假设,并推导了各种形式下土地择优期权的解析表达式,可以为土地的择优期权定价提供理论指导。

第三,本研究利用期权博弈工具,分析农业专业组织的竞争规律,建立了二维随机条件下土地租赁经营的投资博弈模型。研究了二维随机条件下投资密度和投资成本对投资者决策的影响。

本研究努力为实现征地补偿合理化、同地同价奠定理论基础,以扭转我国征地补偿标准偏低的现象;本研究为以产权制度为依托、以实际产权交易关系为依据,建立中国城市和农村统一的地价体系,提供理论支持。本书亦为研究土地经营权流转市场的市场经济规律提供有益的探索。

Abstract

"Labor is the father of the wealth, the land is the mother of the wealth. " The land is the primary source to mankind. The land is the primary of production to mankind. The land provides arena and base for mankind to establish and develop. The land supply material basis for all product of labor. The land is irreplaceable for national economy fundamentality domain, agriculture.

As a result of specific historical tradition and national conditions of china, the land is foundation for social stability and nation support and independent. Land system is the most fundamental system to human society.

Market is the best tool to deal with economic issue. Taking advantage of the land market can optimize resource allocation; promote availability efficiency of scarce resources. Due to affect of dual level land market of china, the market of urban and rural exist institutional barrier, so the research of land pricing as the centre of the land market is of an extreme importance.

Based on the national conditions of china, using assets pricing theory, real option theory, and option game theory, land pricing method of real options, which driring by house prices and the rents is probed. Three stochastic shocks: house prices, the rents, and economic shocks impact on land prices is discussed in this research. Under current land institution of china, especially the viewing angle of food security the game process of land prices forming is explored. Market economic law of land use rights is seeking for. It is a beneficial exploration to healthy development of land pricing mechanisms on regime, engineering technology lay.

Using modern finance theoretical method to understand the economic behavior of Chinese land market is attempt. It is helpful to technology put up with the defect of regime. This book offer beneficial theoretical exploration for china modernization process and give economics basis for establish the reasonable and flexible standard price of the requisition.

This book contains introduction and text, which is divided into nine chapters.

Chapter 1: introduction. The main content of this book has been summarized in this chapter. Specific include the research background of this book, raise of problem, the purpose of the study, significance of the study, innovation point of the study, definition of the object of study. Then the research method is introduced. Finally, the structure of the research is stated.

Chapter 2: the evolution of land system in contemporary China and review of land pricing methods. This chapter combs the theoretical context, historical context and methods vein of land pricing issues. Farmers' land rights, including share ownership, right to use and right of development ought to be an organism. As the ownership is a property right, the right to use is also a property right. Review the evolution of land system in contemporary China obtains a clear theoretical coordinates of contemporary Chinese farmers' land right to development. Finally, the existing land pricing method, such as the marginal agricultural value method, real option pricing method and time space pricing model is remarked. What is called scientific land pricing method has its applicable scope and limitations. This chapter provides a basis in history and economic theory for the entire study.

Chapter 3: investigate origin and development of real options pricing method. System of real option pricing method is reviewed extensively and deeply in this chapter. Real option pricing method is derived from the uncertainty of the processing. The type of uncertainty determine the applicability of real option pricing method. Economics and finance theory which is real option pricing method based on are: arbitrage equilibrium principle, market completeness and validity of assumptions, the risk neutral pricing theory. Due to the nature of real options development of real option is a rich category based on the classic method of real options. Compound option theory, option game theory, the fuzzy real option, under the incomplete information of real options is being actively explore and study in the theoretical cycle. In the end, this chapter presents the mathematical model and solving method of option and real option. This chapter provides the mathematical methodology basis for study of the whole.

Chapter 4: house prices and land prices: a real option framework. The value of land can be divided into fixed income and option value. The option of land value is regard as an American option of single factor derived by the house prices. The analytical expression of the land prices is derived and the comparative static analysis has been carried on. Under different market structure parameters land prices, the value of the option prices and its ratio is given.

Chapter 5, house prices, the rents and land prices: a real option framework of tow-factor European. This chapter considers land prices and the rents as two random factors of a real option. Furthermore, land prices based on the house prices and the rents is represented. The analysis result indicates that the growth rate of land value and the growth rate of house prices approximately is in proportion; land prices volatility must be more than that of house prices; land prices volatility must be more than that of the rent. And give one explanation for the land prices growth rate larger than house prices growth rate. How the growth rate of land prices affect house prices growth rate is discussed.

Chapter 6, land values may be regarded as an option driven by house prices. This method reflects the value of the land scientifically. The current real estate regulation has a big impact on house prices. American options driven by jump diffusion process is used to analyze the effect of the impact of land values.

Chapter 7, combined with the latest developments of mathematical finance, the geometric Brownian motion, the geometric Brownian motion with convenience yield, the fractal dimension geometric Brownian motion, fractal dimension geometric and Brownian motion with jumps, as basic assumption, are deduced analytic expression of preferred options under various forms in this chapter, which can provide theoretical guidance for pricing land preferential option. Farmland value contained by real option can be regard as the value of growth option if right of land use is difficult to traded. When the right of land using is marketized, the value is regard as the compound options. The value of land development can be understood as a compound option combined of a growth options and conversion options.

Chapter 8: land lease business investment game model under the condition of two-dimensional random. This chapter using the real option game framework, analysis investment density and cost effect on the decision-making of investors. Two-dimensional random conditions is investigated. When the ratio of investment density and the initial investment cost is asymmetric, it will affect the investment threshold. The ratio of investment density and the initial investment cost is larger will improve the threshold value of investment. That is affecting investors' investment decisions. With cross dominant two investors have the opportunity to become a leading investors. Relative to the influence of investment cost ratio leasing management density of impact on the investor's investment threshold is greater.

Chapter 9: research conclusion and expectation. In this chapter, first of all, combined with relevant theoretical basis, research results and practical experience the author make a systematic explanation to this book research conclusion. With a comprehensive understanding of the influence mechanism of land pricing between farmers' land ownership; farmers' land use rights and farmers' right of land development. On this basis, summarized in this book, the theory contribution and practice implications; combined with China's national conditions, in view of the land pricing problem, the establishment of the land market, protection of the rights and interests of farmers puts forward relevant policy suggestions. Finally research limitations and the direction of further research are discussed.

Themajor research conclusions of this book are as follows:

First, in this book, based on the national average data, the value of land development ,that is, the value of the real estate is the main part of land prices formation is confirmed in this study. Land rent capitalization method should not be used for China's land transfer activities in the future. Through using the method of options can obtain an effective response to the value of market flexibility which improves the scientific method of land pricing and ensure that farmers get reasonable profit in the process of land requisition.

Second, due to the duality of land market in China, ceiling price theory, both the monophony and seller's monopoly theory are at work at the same time. Characteristics of the primary market presents that the market is demand monopoly. Characteristics of the secondary market presents that the market is supply monopoly. Government monopoly, regulation combined and the natural scarcity of land resources, all decreased loss of social welfare doubly. In order to improve the efficiency of land allocation of resources, the market that is the best tool to solve economic problems should be used. A unified land market should be established step-by-step to achieve the optimal allocation of land resources and improve national welfare.

Third, land prices is the centre of the land market. But the core depends on the specific institutional environment. The situation of present China produced a blundering from extreme positions, such as, full privatization of the land, full liberalization of land market. Due to China's unique historical tradition and unique characteristics of land resources, stick to the current land system is necessary.

This research leads us to more and more in-depth understanding about land pricing system. On the basis of existing research, the innovation point of this book is mainly embodied in as follows:

First, this study established a new real options analysis framework of the land prices, house prices, and the rents. Based on the part of farmers on the land ownership, use rights and the right to development, based on no-arbitrage approach, regard land prices as an option. The option pricing is analysis using the macro analysis of land prices and house prices index as a whole in this book. Analysis indicates that farmers on the value of land development rights should be embodied. National average data confirmed the value of land development is the value of the property is the main part of land prices formation.

Land rents capitalization method should not be used for the future of land transfer activities in China. Land prices in China have distinct option characteristics. Land prices by real option method is scientific and reasonable.

Second, in this study, combined with the latest developments of mathematical finance, the geometric Brownian motion, the geometric Brownian motion with convenience yield, the fractal dimension geometric Brownian motion, fractal dimension geometric and Brownian motion with jumps, as basic assumption, are deduced analytic expression of preferred options under various forms, which can provide theoretical guidance for pricing land preferential option.

Third, the option game tools are used to analysis the competition laws of agricultural professional organization, especially, how investment density and cost effect on the decision-making of investors in this study. Then a land lease business investment game model under the condition of two-dimensional random is established.

The effort of achieve land requisition compensation rationalization, the same price to the same land, reverse under-owned standard price of the requisition is strive for.

This research provide theoretical support for the city and countryside unification land market price system construction which on the land property rights system as the core, according to property relations of actual transaction process, constructing which give full play to guidance and regulation of the market. This research is a beneficial exploration to study economics laws of Chinese land market.

目　录

第1章　绪论

"劳动是财富之父，土地是财富之母。"土地是人类最原始的生活资料来源；土地是人类最原始的生产资料来源；土地为人类各行各业的建立与发展提供场所与基地；土地为人类一切劳动产品提供物质基础；土地是国民经济的基础性产业——农业不可替代的生产资料。由于中国特殊的历史传统和国情，土地是中国社会稳定、民族自强自立的基础。土地制度是人类社会最基础、最根本性的制度。市场是解决经济问题的最佳工具，利用土地市场可以优化资源的配置、提高资源的使用效率。由于中国城市和农村不同土地制度的影响，我国土地市场的发展存在着体制性障碍，因此研究土地定价问题就变得极为重要。

本书立足国情，基于资产定价理论、实物期权理论和期权博弈理论，探讨利用房价和房租对土地定价的实物期权方法，研究了三种随机性冲击，即房价、房租、经济冲击对土地价格的影响；并分析了在当前中国的土地制度下，尤其是粮食安全视角下土地价格形成的博弈过程；探索研究土地经营权流转市场的市场经济规律。力求在制度层面、工程层面、技术层面为中国土地定价机制的健康发展提供有益的探索。试图用现代金融学的理论方法理解中国土地市场的经济行为，为以技术手段克服制度的缺陷，为中国的现代化进程提供有益的理论探索，为制定合理而灵活的农民土地征用价格标准提供合理的经济学依据。

1.1 研究背景

中国经济社会发展进入"新四化①"的新阶段,农民、农村、农业问题,尤其是农民权益保护日渐受到关注。市场经济的核心是价格形成机制,建立科学而合理的土地价格形成体系是土地市场健康发展的基础。由于中国城市和农村不同土地制度的影响,我国土地市场的发展存在着体制性障碍。现阶段,中国土地市场基本上被割裂为二级五个市场。国家在一级土地市场以征收、而非市场机制的方式从集体土地的所有者手中获取土地,以满足城市化和工业化的建设用地需求。城市的土地市场又可分为公开市场和隐形市场。公开市场以公开的出让、转让、拍卖方式形成价格,不同于隐形市场的私下交易。我国的城市土地市场已初步建立了价格形成机制的雏形,为市场交易提供了基本依据。农村集体土地分为农用地和建设用地两种,农用地市场的价格形成机制有待完善,目前只有农用地转包、转让交易是公开、合法的;农村集体建设用地市场本质上是一个自发的隐形市场。综上所述,在中国的各级土地市场,土地市场价格机制的作用发生了扭曲,价格机制很难发挥应有的作用。

在中国城市化进程中,政府征地行为没有科学的土地定价机制。虽然,在古今中外任何社会制度下,都有征地现象并且都是强制性行为,被征地利益主体有义务向法定机构提供用地,但补偿应当是公平合理的。这种补偿一般以土地的市场价格为基础,不仅要考虑到失地者的经济损失,而且还要包括在征地行为发生后失地者可能承担的所有成本,包括机会成本。从总体上看,我国征地补偿标准偏低。需要明确全国适用的征地统一年产值标准和征地综合地价的测算标准,为实现征地补偿合理化、同地同价奠定一定的基础。

城市公开的土地市场和隐形土地市场的并存导致价格机制扭曲。在城

---

① 党的十八大报告提出:"坚持走中国特色新型工业化、信息化、城镇化、农业现代化道路,推动信息化和工业化深度融合、工业化和城镇化良性互动、城镇化和农业现代化相互协调,促进工业化、信息化、城镇化、农业现代化同步发展。"

市公开的土地市场，交易使用权的主要方式是协议出让，但缺乏公开性和竞争性，导致交易价格出现随意性，有时明显偏离正常市场价格。虽然有最低限价，但是弹性也很大。在城市隐形土地市场中，由于市场参与者更关心市场行为中产生的经济利益，因此虽然隐形交易不符合法律规定，但是其交易价格却能反映真实的供给、需求关系。隐形市场的价格水平可能会低于公开市场价格，因为隐形市场的交易成本更低，没有税费和制度成本。如果公开市场的价格由于寻租等因素没有反映土地的实际价值，那么，可能出现隐形市场价格高于公开市场价格的现象。

在农用地市场，价格形成机制还需大力完善。虽然，国家为了充分利用市场机制进行农用地资源再配置，提高农用地生产率，鼓励有条件的地区或农村，在现行土地制度的基础上实行适当规模经营，允许农用地转包、竞价承包、出租、入股、反租倒包及拍卖"四荒"地等市场行为。但是缺乏统一的全国标准，没有明确具体的政策依据，各地在实践中只能根据本地实际情况进行操作，容易引起市场行为中利益的不平衡。令人欣慰的是国家已经在开展全国范围内的农用地分等、定级、估价工作，这将有利于规范和指导农用地的价格。国家还应进一步对农村土地流转的具体形式和要求作出详细的政策规定，如交易的形式、转包转租过程中的产权界定等。

农村集体建设用地市场本质上是一个自发的市场。由于国家限制了农村建设用地的交易范围，即允许在本集体经济组织内部流转，所以，农村集体建设用地市场类似于城市土地隐形市场，属于隐形的、自发的市场。这个市场上的交易行为同样遵循价值规律，但因为缺乏法律依据，交易行为中回避了应缴的有关税费，真实的价格水平得不到充分体现，而且由于缺乏总体规划和管理，容易引起集体土地资源的浪费和不合理利用。

总而言之，我国城乡二元化土地制度的差异导致土地市场割裂，土地市场缺乏公开性和竞争性，在城市和农村都存在隐形土地市场对公开土地市场的冲击、干扰，使得土地价格形成机制不合理，价格机制难以充分发挥作用。

土地资产市场的特殊性，也增加了土地资产的定价难度。与金融资产相比,土地资产具有若干特殊的特征,决定了土地资产定价的特殊性。其一,土地资产作为一种实物资产,交易频率很低,流动性远远不及金融资产;其二,土地资产的交易成本很高,比如前期有评估、考察,中期有投标、融资,后期有交割、付税,导致实际价格不够公开透明;其三,土地资产的同质性也远远不及其他的实物资产,紧邻的两块地,其价格可能由于规划用途、学区差异,价格相差甚远,这一因素使得不能用期货交易市场为土地资产定价;其四,土地资产往往与利益主体拥有的其他权利存在先后关联性,如系列投资机会,在实践中,大量的土地资产依附于投资项目或计划方案;其五,土地资产一般交易时间较长,而金融资产的交易时间较短,因此,地价波动更大;其六,地价信息的获取难度大。相比较而言,土地市场信息较分散,投资者对市场的反应是间断的,只有信息量超过一定的阈值,才会激发市场行为。具体表现为,地价的相关"准确"数据很难获取。

除此之外,技术风险和市场风险,这两种不确定性对地价的影响也应被纳入地价的定价模型予以考虑。

综上所述,我国城乡二元化土地制度的差异导致土地市场割裂,土地市场缺乏公开性和竞争性,使得土地价格形成机制不合理,价格机制难以充分发挥作用。如何在此基础上,利用现代金融学理念,理清土地资产定价的高度复杂性,建立科学合理的土地定价机制,充分发挥价格机制对市场的引导和调控作用,具有重要的理论意义和实践意义。应积极探索制度层面、工程层面、技术层面上中国土地定价机制的规律性。

1.2 研究的问题

问题一:利用房价和房租对土地定价的实物期权方法。若把土地视为受房价和房租两个随机因素驱动的实物期权,在此框架下,土地价格和房屋价格、房租之间的关系如何表达? 土地价值的增长率和房屋价格的增长率有什么关系? 土地价格的波动率和房屋价格的波动率有什么关系? 土地价格的波动率和房租价格的波动率有什么关系？结论有什么深刻的经济学意义？

问题二：农地的价值可以分为固定收益部分和期权价值部分。农地所包含的实物期权价值，在使用权无法流通的地方是成长期权的价值；在使用权实现流通的地方是复合期权的价值。农地的发展权定价可理解为成长期权、转换期权、价值成长期权和转换期权结合的复合期权。本书研究如何结合数理金融学的最新研究成果，把几何布朗运动、带便利收益的几何布朗运动、分数维的几何布朗运动、分数维带跳的几何布朗运动作为土地收益流的基本假设，得到各种形式下土地择优期权的解析表达式，从而为土地的权利定价提供理论指导。

问题三：二维随机条件下土地租赁经营的投资博弈模型研究。利用实物期权博弈框架，分析二维随机条件下土地租赁经营的投资博弈模型，研究二维随机条件下投资密度和投资成本对投资者决策的影响。

1.3　研究的意义

第一，为实现征地补偿合理化、同地同价奠定理论基础。为扭转现阶段我国征地补偿标准偏低的现象提供理论依据。

第二，本研究为构建以产权制度为依托、以实际产权交易关系为依据的中国城市和农村统一的地价体系，提供理论支持。

第三，利用实物期权博弈框架，分析二维随机条件下土地租赁经营的投资博弈模型，研究二维随机条件下投资密度和投资成本对投资者决策的影响，为研究土地经营权流转市场的市场经济规律提供有益的探索。

1.4　研究方法

本研究综合运用文献研究、理论分析、历史研究和实证研究等研究方法，在文献述评和理论分析的基础上，定位研究问题，推导出模型的基本假设,并利用宏观的统计数据来验证模型的结论,最后结合历史逻辑和基本国情,提出最终的研究结论。

1. 文献研究

文献研究是在比较系统地识别和收集一个特定领域的研究成果的基础上,再定性、定量梳理模型,从而实现对一个研究主题进展的阶段性总结。文献基础决定了研究的高度和深度。利用实物期权和期权博弈研究土地定价问题,揭示中国经济的特有规律性才刚刚起步,文献研究将为研究框架的构建奠定良好的基础。

2. 模型研究

模型方法本质上是演绎的方法,但是模型假设必须切合实际、合理;模型推导必须正确,这样才能正确使用人类的理性工具。本研究在前人研究模型的基础上,进行了修正和创新。

3. 实证研究

在模型推导的基础上,本研究运用宏观的全国平均数据对模型进行验证。以求理论分析、历史分析、实证分析相结合,得到尽可能科学、准确的结论。

1.5　创新之处

第一,本研究建立了由土地价格、房价、房租构成的全新的实物期权分析框架。本书基于农户对土地的部分所有权(成员权)、使用权和发展权,视土地价格为一个基于权利的期权,进行了期权定价分析。期权定价分析利用了宏观整体的土地价格指数和住房价格指数,经分析农户对土地的发展权应该得到价值体现,全国平均的数据证实了土地开发的价值(即房产的价值)是地价构成的最主要部分。资本化地租方法不应被用于中国未来的土地转让活动。应用期权方法,有效地反映市场的灵活性价值,完善土地定价的科学方法,确保农民在土地征用过程中获得合理的收益。中国的土地价格具有鲜明的期权特征,应用实物期权方法进行土地定价是科学合理的。

第二,本研究结合数理金融学的最新研究成果,把几何布朗运动、带便利收益的几何布朗运动、分数维的几何布朗运动、分数维带跳的几何布朗运动作为土地收益流的基本假设,推导了各种形式下土地择优期权的解析表达式,可以为土地的择优期权定价提供理论指导。

第三,本研究利用期权博弈工具,分析农业专业组织的竞争规律。建立了二维随机条件下土地租赁经营的投资博弈模型。研究了二维随机条件下投资密度和投资成本对投资者决策的影响,为研究土地经营权流转市场的市场经济规律提供有益的探索。

1.6 内容及结构安排

第一章,绪论。对本书的主体内容进行了概括,包括选题背景和核心问题的提出;研究的意义、目的和创新点;研究方法的介绍和研究对象的界定;最后,阐述了本书结构。

第二章,当代中国土地制度的演进与定价方法述评。本章首先梳理了土地定价问题的理论脉络、历史脉络和方法脉络。农民的土地应是包括份额所有权、使用权和发展权的有机体系。所有权是产权,土地使用权也是一种产权。然后回顾当代中国土地制度的演进,获得了中国当代农民土地权利发展的一个清晰的理论坐标。最后评述了现有土地定价方法。边际农业价值法、实物期权定价法、时间空间模型定价法等所谓科学土地定价方法都有其适用范围和局限性。

第三章,实物期权定价方法源流考。本章系统而深入地评述了实物期权定价方法体系。实物期权定价方法来源于对不确定性的处理和应对。不确定性的类型决定了实物期权定价方法的适用范围。实物期权定价方法的经济金融学理论基础是:套利均衡原理,市场完全性和有效性假设,风险中性定价原理。由于实物期权所具有的特性,实物期权发展为一个丰富的类别。在经典实物期权方法的基础上,复合期权理论、期权博弈理论、模糊实物期权以及不完全信息下的实物期权方法正在得到理论界积极的探索和研究。最后,本章介绍了期权与实物期权的数学模型及求解方法。

第四章,房价与土地价格:一个实物期权分析框架。土地的价值可以分为固定收益部分和期权价值部分。本章视期权价值为房产价格驱动的单因素美式期权,推导得到了土地价格的解析表达式,并进行了比较静态分析,在不同的市场参数结构下,给出了土地价格和期权价格的值及其比率。

第五章,房价、房租与土地价格:一个双因素欧式实物期权分析框架。本章把土地视为受房价和房租两个随机因素影响的实物期权,并得到了基于房屋价格和房租价格表示的土地价格。分析表明,土地价格的增长率和房屋价格的增长率近似成比例;土地价格的波动率一定超过房屋价格的波动率;土地价格的波动率一定超过房租价格的波动率;并给出了土地价格的增长率超过房屋价格增长率的一个解释;讨论了房租价格对地价的影响。

第六章,地价可以看成是房屋价格驱动的期权,这种定价较科学地反映了土地的价值。当前的房地产调控对房价有较大的冲击,此时地价会有怎样的反映,本章利用带跳扩散过程的美式期权来分析这种冲击对地价的影响。

第七章,结合数理金融学的最新研究成果,把几何布朗运动、带便利收益的几何布朗运动、分数维的几何布朗运动、分数维带跳的几何布朗运动作为土地收益流的基本假设,推导了各种形式下土地择优期权的解析表达式,可以为土地的择优期权定价提供理论指导。农地所包含的实物期权价值,在使用权无法流通的地方是成长期权的价值,在使用权实现流通的地方是复合期权的价值。农地的发展权定价可理解为成长期权、转换期权、价值成长期权和转换期权结合的复合期权。

第八章,二维随机条件下土地租赁经营的投资博弈模型。本章利用实物期权博弈框架,分析了二维随机条件下土地租赁经营的投资博弈模型,考察了二维随机条件下投资密度和投资成本对投资者决策的影响。当投资密度和初始投资成本比率不对称时,都会对各投资阈值产生影响;较大的投资密度和投资成本比率都能提高投资阈值,影响投资者的投资决策;交叉占优时两投资者都有机会成为领先投资者;相对于投资成本比率的影响,租赁经营密度对投资者的投资阈值影响更大。

第九章,总结与展望。本章首先结合相关的理论基础、研究成果及实践经验对本书研究结论进行系统的解释和探讨,以全面认识农民土地的份额所有权、使用权和发展权对土地定价的影响机理。在此基础上,总结本书的理论贡献和实践启示;结合中国国情,针对土地的定价问题、土地市场的建立、农民权益保护提出了相关的政策建议。最后,讨论了研究局限和后续研究的方向。

1.7　本章小结

本章为全书的绪论,首先阐述整个研究背景,结合当前学术研究成果及中国土地市场实践活动的相关启示,提炼出具体的研究问题和研究思路;在此基础上明确研究目的,并介绍本研究的意义和创新点;最后,介绍了本书的研究对象、研究方法以及研究结构。

第 2 章　当代中国土地权利体系的
　　　　　分析与定价方法述评

　　土地问题既是理论问题也是实践问题,既是现实问题也是历史问题。研究土地定价问题必须要理清楚相关的理论脉络、历史脉络和方法脉络。本章从农民对土地的权利体系、当代中国土地制度的演进、现有土地定价方法述评三个方面建立分析土地定价问题的基本框架,以求获得一个清晰的理论坐标。

2.1　当代中国土地权利体系的分析

　　依照产权理论、发展权理论、制度变迁理论,结合中国的土地制度和土地流转实践,分析当代中国土地权利体系及制度变迁。土地定价问题的理论背景应该在产权理论、制度变迁理论和发展权理论等多维度下,找到定位和阐释。

2.1.1　土地的所有权

　　准确理解财产、所有权和财产所有权三个基础性的概念,有助于深入系统地分析、理解土地定价问题的理论内涵和外延。

　　一般而言,传统的财产概念被经典经济学文献分为三种:私有财产、国有财产和公共财产。布罗姆利[①](1989)认为财产是一个社会架构里社会个

---

① 指 Daniel W. Bromley。

体期望从自身利益的角度出发而能实施的权利或要求,是对有价值的物的权利或要求,而不是权力的给予物。基于这种认识,布罗姆利将财产分为四类:国有财产、私有财产、共同财产和非财产。

根据布罗姆利(1991)的定义,所有权一般指的是在社会公权力的限制和保留以后给予社会个体的所有权利。其经济本质为一项收益流。所有权是一组权利束,能赋予收益流以现实的内涵。当获得一项所有权时,意味着同时享有了社会公权力对这项收益流的保护权利。霍诺里(1961)将所有权的具体含义归结为以下 11 个特征,这些特征组成了完整的、准确的所有权概念。①占有权:是所有权概念的中心,指排他性控制权。法律赋予所有者对有价值物的控制权,并保证这种控制权不能任意终止。②使用权:具体内容与使用和占有的对象有关。③管理权:是具有与其他利益主体缔结契约的权利。④收入权:所有者有从其财产中获得收入的权利。⑤资本权:指有权转让或消费有价值的物。⑥保障权:所有者的各项权利应受法律的尊重和保护。⑦转让性:出让、转让、继承的权利。⑧无期限:一切所有权都是永恒的。⑨合法性:所有权并不意味着可以不受约束、侵害他人。⑩履行责任:有支付债务的义务。⑪剩余处置权:所有权会因社会规则的变动而失效。这些特征不都是所有权的必要组成部分,其中的若干项权利在特定的社会可能并不成立。根据罗马法的规定,所有权,即完全所有权包括使用有形物品的权利、获取收益的权利、管理权利三种权利。

财产所有权是一种社会性权利,在霍菲尔德基本法律体系中,静态地分,包括两对权利关系:权利—义务、特权—无权利;动态地分,基本的法律关系也包括两对:权力—责任、豁免—无权力。Bromley(1991)在基本的法律关系范围内区分了各种财产所有权类型,把霍菲尔德提出的四种基本法律关系进一步归纳为财产规则、责任规则和不可剥夺规则。于是,在权利与义务关系下可有三种所有权,在特权与无权关系下也可有三种所有权,一共有六种。

根据中国的现行土地制度规定,农村土地属于农民集体所有。根据财产的概念,农村土地是集体组织内部的共同财产,而不是非财产。因为集体组织以外的人不能自由进入,只有集体组织内部的所有成员才享有土地权益,并且作为土地所有者的集体组织有权利排斥非组织成员,非本集体组织成员有义务服从这种排斥。

从财产关系分析,对农村集体土地而言,土地所有者有权利在土地的使用和转让中受财产规则保护,他人如需使用集体土地需要主动与集体经济组织谈判;在国家利用征用权征收土地时,土地所有者受到责任规则的保护。"但从动态关系来看,财产权关系可能发生改变,是否改变取决于是否存在有权力的一方,而且这一方必定获得国家或相关的权威体系的支持。在集体土地流转中,财产权利关系可能向集体经济组织和农民的一方,也可能向其他方向发生改变,取决于权威体系的态度"[①]。

2.1.2　土地的使用权

中国的土地制度决定了农村土地的唯一利益主体只能是土地所有者的集体组织,农户拥有土地使用权和份额所有权。由于不同主体使用土地的效率差异,即使所有者并不必直接使用,也可以决定土地使用方式。土地家庭承包制的施行正是源于集体经济组织对土地使用方式的一种选择。在特定的历史条件下,土地使用权分配给集体组织内部成员使用,更有经济效率。历史也雄辩地证明了这一点。

以1983年中共中央的一号文件《当前农村经济政策的若干问题》为标志,中国农民正式获得了土地的经营承包权。文件指出:"联产承包制采取了统一经营与分散经营相结合的原则,使集体优越性和个人积极性同时得到发挥,是在党的领导下我国农民的伟大创造,是马克思主义农业合作化理论在我国实践中的新发展。"文件高度评价了以包产到户为主政策的实行,肯定了家庭联产承包责任制是长期发展的方向。三十多年的改革开放历史证明,家庭联产承包责任制是迄今为止中国农村一项最为成功的土地制度

---

① 戴伟娟.城市化进程中农村土地流转问题研究[M].上海:上海社会科学出版社,2011.

变迁,其实质是在当时的历史条件下,由威权体系和底层民众达成高度共识的一种产权结构的调整和社会阶层利益的重新分配①。通过对集体经济组织和农民在土地和其他农业生产资料所有权上的部分让步,使农民获得土地、耕畜以及农具等生产资料的自主经营权,这种制度安排符合农业生产的特点,有效地提高了激励效率,降低了监督成本,增加了农民福利的保障以及公共积累。

1986 年 4 月《中华人民共和国民法通则》规定:"公民、集体依法对集体所有的或国家所有由集体使用的土地的承包经营权,受法律保护。承包双方的权利和义务,依照法律由承包合同规定。"该文从法律角度对土地承包经营权进行了规范,迈出了土地承包关系法定化的第一步。

1986 年 6 月,全国人大常委会出台了第一部土地管理法《中华人民共和国土地管理法》,该文以立法形式对土地所有权和承包经营权进行保护。1993 年将家庭联产承包责任制写入《宪法》,将土地承包经营关系上升到了宪法高度。

2002 年 8 月《中华人民共和国农村土地承包法》开启了以土地利用为中心的物权制度的新阶段,明确了承包方、发包方的权利和义务,并规定了"承包期内,发包方不得收回承包地",进一步强化了土地承包经营权的稳定。

2007 年的《中华人民共和国物权法》对土地承包经营关系进行了更加明确具体的规定,使承包经营权的法定化程度达到了相对完备的程度,真正确定了家庭承包经营权的物化权基础。

此外,为了稳定农民群众的预期,土地承包经营权期限不断被延长。在1984 年的《关于一九八四年农村工作的通知》首次提出"土地承包经营期一般应在十五年以上"。

基于土地资源用于农业生产特殊性的考虑,为了避免承包地的频繁变动,防止耕地经营规模不断被细碎化,1993 年中共中央、国务院颁布了《关于

---

① 吴敬琏.中国经济改革教程[M].上海:上海远东出版社,2010.

当前农业和农村经济发展的若干政策与措施》,将土地承包经营期延长到了30年。之后,江泽民在农村改革20周年之际,在视察安徽小岗村时,就农民群众的疑问承诺"长期稳定农村土地承包经营关系","30年以后也没有必要再变"。胡锦涛在农村改革30周年之际,再次庄严承诺"现有土地承包关系要保持稳定并长期不变"。

党的十七届三中全会作出的《中共中央关于推进农村改革发展若干重大问题的决定》提出"赋予农民更加充分而有保障的土地承包经营权,现有土地承包关系要保持稳定并长久不变"。把"长久不变"写入党的全会决议,反映了人民群众的意愿,妥善解决了遗留问题。土地承包经营关系"长久不变"既不是耕地承包期30年的简单延长,更不是割断现有土地承包关系的重新承包,而是现有土地承包关系在稳定基础上的继续,是对现有土地承包关系的进一步发展。

2.1.3 土地的发展权

一般而言,土地发展权是土地所有权人或土地使用权人改变土地现有用途或者提高土地利用程度的权利。关于土地发展权的性质,从不同角度出发,不同的研究者都有自己的观点。代表性的观点有:黄祖辉、汪辉(2002)认为,土地发展权是因限制土地发展而形成的,若无限制,则无土地发展权一说。分区控制、用途管制、土地征用均是对土地所有者的发展权的限制与损害。柴强等学者认为,土地发展权是一项可与土地所有权分割而单独使用、处分的财产权[1]。刘永湘、杨明洪(2003)认为,土地发展权是从土地所有权分离出来的一种物权,是针对用途管制而提出的。胡兰玲(2002)认为,土地发展权是基于土地利用社会性、广泛性而创设的物权,而且是一种与土地所有权具有相同效力和权能的物权。国外的一些判例,已经承认了土地发展权是一项不动产物权。如在 WCCA[2] 一案中,法院判决认为土

---

[1] Danner John C. TDRs—Great Idea but Questionable Value[J]. The Appraisal Journal,1997,65(2).
[2] West Montgomery Country Citizens Assoc. V. Maryland-National Capital Park and Planning Commission.

地所有权是一束权利,它包括了对土地再开发和提高土地利用度的权利。也就是说,土地发展权是土地所有权的一部分。

关于土地发展权收益的归属问题,有三种观点,分别是为国家所有、土地所有者所有、国家和土地所有者共享。基于"涨价归公"理论,周诚(2003)认为,土地发展权收益应归属国家所有,因为土地的增值基于国家公共设施的配套设施建设,使用者若要进行开发必须向国家购买发展权,如英国模式;陈平(2004)则坚持土地所有者所有的观点,认为国家可以向土地所有者购买发展权或者允许发展权可以和其他普通商品一样在市场上自由交易,如美国模式;基于地租理论,第三种观点认为,国家和土地所有者共享土地发展权收益,应区分土地发展权所引起的土地增值的具体情况。

随着中国工业化和城市化的发展,以及中国政府对耕地保护的重视,非农建设用地本身或其指标变得日益稀缺,在新的稀缺性的压力下,界定土地非农发展权极有必要。

从资源配置的角度来看,土地的配置效率显然不能单纯从经济角度来衡量,土地不仅是一种经济资源,还是一种生态资源,关乎人类的生存安全。在农业用地、生态维持用地和非农建设用地之间需要做出平衡,各种用地的比例取决于社会对生态安全、粮食安全和经济发展的态度和认知,土地利用规划就是其表现形式。如果是在既定规划下的土地流转,在农业比较效益低下的情况下,土地的非农利用能带来更多收益,土地非农利用成为一种外部性因素,倾向于被过度非农化。这种情况下,根据科斯的产权理论,应把土地非农发展权作为一种产权进行界定,不同的发展权安排将对土地资源的配置效率带来不同的影响。中国社会需要的非农发展权应该有助于保证粮食安全、生态安全和经济发展。就我国农村集体土地流转来看,除了要将农村土地深入市场化改革,消除计划经济痕迹,还应界定新的产权,为农村集体土地流转提供市场环境和理论基础。由于中国农村土地实行的是集体所有制,发展权应该成为一种农村集体建设用地向规划区内流转的手段。我国的宪法和民法等法律规定,公民具有平等的发展权利。而功能规划区限定了土地的用途,被划为农业用地的集体经济组织不得不遵守更少的权力分配,造成该集体经济组织的非农发展权利的部分或完全丧失,其目的是保留农业用地实现粮食和生态安全的需要,因此需要一种补偿来弥补这种权利的失衡,如果没有补偿,就应该平等分配发展权。

2.1.4 土地的发展权是产权

诺斯(2008)准确定义了经济学意义上的产权概念,指个人支配其自身劳动及所拥有之物品与劳务的权利。产权不仅包括财产所有权,而且指与财产所有权有关的财产权。产权是法律规则、组织形式、实施机制以及行为规范的函数。这种财产权产生于所有权的相关权利能与所有人发生分离的基础上,即所有权要素中的一个或若干个可以转让给他人。德国民法典中的用益权、居住权、地役权以及抵押担保权等在大陆法国家也被视为产权。产权还包括无形的(如版权、商标权、专利权等)知识产权。在这个意义下,土权的所有权、使用权、发展权都是产权。

古典经济学认为,如果存在外部性,在市场经济条件下,市场价格机制不能实现资源的最优配置;科斯提出,如果把外部性因素也产权化,对此产权充分界定并加以限制的条件,在交易成本为零时,市场价格机制可以实现资源的最优配置;但是,Bromley(1989)发现,外部性并不是完全外生的,外部性只有相对于现存的产权安排才有意义,在界定新的产权、改变所有权结构以后,当事人会在利益驱动下通过谈判进行交易,现实中存在交易成本。在交易费用存在的情况下,明晰产权不一定会实现资源最优配置,不同的产权结构会对资源配置效率产生不同的影响。综上所述,产权是一个动态的、历史的概念,随着外部环境的变化而不断赋予新的内容。

巴泽尔(1997)归纳了影响产权的因素,认为产权价值的大小是人们自己直接努力的程度、他人夺取的企图程度和社会公权力保护程度的函数。与名义产权相比,能够得到权利保障更重要。

农村集体土地产权的价值大小取决于三个方面。其一,农户作为农村土地的共同所有者在保护土地产权方面既有权利,也有义务。对农民土地的责任和权利清晰界定会显著影响土地财产的价值,即内部责任界定得越明确有效,农村集体土地的财产价值越大。其二,由于财产是一种社会关系而不是一种个人关系,土地产权的价值还要依赖于社会公权力或法律承认和保护的程度。法律对土地收益的保护越有力,农村集体土地的财产价值就越大。其三,与国有土地所有权相比,由于现有征地制度的任意性,集体土地所者的占有权更容易被任意终止,缺乏保障权,这决定了农村集体土地流转中的交易价格远低于国有土地。

在集体经济组织虚位的情况下,由于特殊定位,法律赋予村委会集体经济组织代表的权利,不仅使村委会干部,而且使地方政府得以借助村委会对集体土地的收入流施加影响,而不需要承担他们行动的全部成本,这种情况的存在使农村集体土地的产权价值更低。完全界定农村集体土地的产权,需要彻底杜绝村委会或地方政府对农村集体经济组织的土地财产收入流的影响。

在当代中国,我国对集体土地所有权及其各种衍生权利的实现都受到诸多限制。在使用权方面,非农用途被严格限制,即使可以用于非农建设,也禁止用于商品房开发。由于目前国家禁止农村集体建设用地自由流转,集体土地的管理权和资本权亦受到限制。

中央政府、地方政府甚至村委会等行政强制力量都有可能是产权制度安排的决策者和执行者,地方政府和村委会则明显具有自身的利益诉求,在这些层面提出的制度安排有可能会同时倾向于保护自己的经济利益。涉及农民利益的全局性、根本性制度安排,如征地制度的改革完善、统一的建设用地市场的建立、确立平等的土地发展权等一系列制度变迁,是向社会弱势力量重新配置经济资源,则需要基于社会大众的共识,由中央政府进行系统的制度安排。

2.2　当代中国土地流转的模式

2.2.1　中国土地承包经营权流转制度的发展

随着对土地承包经营权各项制度的确立,土地承包经营权流转制度也随着经中国经济的发展和社会环境的变更而改变,土地承包经营权流转制度发展大致经历了四个时期。

1.禁止土地经营权流转时期

在家庭联产承包责任制实行初期,针对土地承包经营权会引发生产关系混乱的顾虑,国家禁止经营权的流转。1982年《宪法》规定:"任何组织或个人不得侵占、买卖、出租或者以其他形式非法转让土地。"而1982年的《全国农村工作会议纪要》也明确指出:"社员承包的土地,不准买卖,不准出租,不准转让,不准荒废,否则,集体有权收回;社员无力经营或专营时应退回集体。"这个时期存在的土地流转现象是一种自发的现象,且具有地下活动性质。

2.初步允许土地经营权流转时期

随着家庭联产承包责任制在全中国的推行,农业生产率大幅度提升。为了在稳定和完善生产责任制的基础上,帮助农民在家庭联产经营的基础上扩大生产规模,提高经济效益,1984年中央一号文件《关于一九八四年农村工作的通知》首次提出允许农户经集体同意可以把地转包承包给种田能手,但强调不准买卖、不准出租、不准转作宅基地或非农用地。其后,1986年《关于审理农村承包合同纠纷案件若干问题的意见》针对农村承包合同的转让和转包问题给出明确规定。转让是指承包人自找对象,由第三者代替自己向发包人履行承包合同的行为,承包人将承包合同转让或转包给第三者,必须经发包人同意,并不得擅自改变原承包合同的生产经营等内容,否则转让或转包合同无效。这一阶段基本上处于政策初步允许土地经营权流转,法律上尚不允许,土地流转只能发生在集体内部时期。

3.规范土地经营权流转时期

为了更好地规范土地承包经营权,并促进土地的利用和经济的发展,1998年《中华人民共和国宪法(修正案)》真正承认了农用土地流转的合法性,并规定:"任何组织或个人不得侵占、买卖或者以其他形式非法转让土地。土地的使用权可以依照法律的给定转让。"而且《中华人民共和国土地管理法》也进行了相应的修改:"国有土地和集体所有的土地使用权可以依法转让。"随着政策、法律对土地经营权权利的规定,农民实际享有的土地经营权得到了提高。随后,1993 年《中华人民共和国农业法》又规定:"在承包期内,经发包方同意,承包方可以转包所承包的土地、山岭、草原、荒地、滩涂、水面,也可以将农业承包合同的权利和义务转让给第三者",扩大和完善了土地承包经营权转让的范围。1995 年《国务院批转〈农业部关于稳定和完善土地承包关系意见的通知〉的意见》中提出了"建立土地承包经营权流转机制"的建议,强调在土地集体所有和不改变土地农业用途的前提下,经发包方同意,允许承包方在承包期内将承包标的依法转包、转让、互换、入股,扩展了土地流转的形式。针对有的地方发展适度经营操之过急的情况,1997 年和 1998 年党中央、国务院分别出台了《关于进一步做好稳定和完善农村土地承包关系有关工作的通知》和《中共中央关于农业和农村工作若干重大问题的决定》,提出土地流转应坚持农民自愿和有偿原则,不得以任何理由强制农户转让。基于土地流转过程中出现的一系列违背农民意愿、损害农民利益的现象,如随意改变土地承包经营关系,强迫流转,侵犯农民承包经营权;把土地流转作为增加乡村收入的手段,与民争利,损害农民利益;强行将农户的承包地长时间、大面积转租给企业经营,影响农民正常生活;借土地流转之名,随意改变土地农业用途等。2001 年在法律法规和政策建议的基础上,党中央、国务院出台了《中共中央关于做好农户承包地使用权流转工作的通知》,系统地提出了土地承包经营权流转政策,纠正了土地流转中存在的面积过大、期限过长、速度过快等问题,引导土地流转的健康平稳发展,促进农村土地资源的优化配置。

4.引导支持土地经营权流转时期

以 2002 年出台的《农村土地承包法》为标志,中国农村土地承包经营制度真正走上法制化的轨道。该文件吸收了前述的大部分政策,以法律的形式"赋予农民长期而有保障的土地使用权",明确了"通过家庭承包取得的土地承包经营权可以依法采取转包、出租、互惠、转让或者其他方式流转",规定"国家保护承包方依法、自愿、有偿地进行土地承包经营权流转",2005 年又颁布了《农村土地承包经营权流转管理办法》,对经营权流转方式、流转合同签订、流转管理等方面做出了更为详细和全面的规范。在此基础上,各地根据自身的情况,制定了符合自身发展的土地流转制度,中国农村土地流转制度体系基本形成。随着国际经济的变化和我国城乡统筹的发展,中国的土地经营权流转制度成为工业化和城市化发展的大趋势,是实现城乡协调发展全面建设小康社会的重点。

2008 年 10 月 12 日发布的《中共中央关于推进农村改革发展若干重大问题的决议》,从完善土地承包经营权的权能、加强土地承包经营权流转管理和服务、按照依法自愿有偿原则发展多种形式的适度规模经营、土地承包经营权流转不得改变土地集体所有性质及不得改变土地用途等四个方面对土地流转进行了政策规定,把土地承包经营权流转纳入了依法、规范、有序的发展轨道,进一步优化农地资源配置,促进农业劳动力转移和家庭农场、专业大户、农民专业合作社等多种规定经营主体的发展,加快传统农业的改造,稳定和完善了农村基本经营制度。此后,2009 年的《中共中央国务院关于促进农业稳定发展农民持续增收的若干意见》和 2010 年的《中共中央国务院关于加大统筹城乡发展力度、进一步夯实农业农村发展基础的若干意见》对土地经营权权能实现的操作和流转的规范做出了更详细的规定。

在准确分析我国土地制度的特征的基础上,学者们对土地流转给出了不同的界定。总体而言,大致可分为四类:其一,土地流转是在一定时期内,土地与不同业主的结合关系或结合的疏密程度变更,以及社会管制广度和深度变化的过程。其二,土地流转包括土地产权的更替和土地利用方式的转变,既包括国有和集体土地产权在内的土地使用权出让,也包括集体土地向国有土地的转移。前者是使用权的转移,后者为土地利用方式的转变。其三,土地流转是土地所有权或使用权在不同经济实体之间的流动和转让。其四,土地流转是指土地使用权流转,其含义为拥有土地承包经营权的农户将土地经营权(使用权)转让给其他农户或经济组织,即保留承包权,转让使用权。以上四个关于土地流转的定义,含义由广义到狭义,尤其是第四种观点受到普遍的认可。土地流转是土地使用权的流动和转让,其实质是农村土地使用权的市场化,即在农村土地所有权为集体所有的前提下,农民根据自己的意愿转让其所承包土地的使用权,从而实现土地资源的优化配置。

采取什么样的土地流转模式,关系到土地资源利用效率的高低。经过几十年的探索,我国形成了形式多样的土地流转模式,法律法规也对土地流转模式进行了相关规定。《中华人民共和国农村土地承包法》规定,通过家庭承包取得的土地承包经营权可以依法采取转包、出租、互换、转让或者其他方式流转。并确定转包、出租、互换、转让、入股、抵押等六种为合法土地流转方式。《农村土地承包经营权流转管理办法》提出转包、出租、互换、转让、入股等五种土地流转方式,并在第六章附则中提出"四荒"地可以采取转让、出租、入股、抵押或者其他方式流转。《中华人民共和国物权法》规定土地承包经营权人有权对其承包经营的耕地、林地、草地等占有、使用和收益,以从事种植业、林业、畜牧业等农业生产。土地承包经营权人可以通过转包、出租、互换、转让等流转土地承包经营权,当事人应当采取书面形式订立相应的合同,但合同期限不得超过原土地承包经营权合同剩余的期限。

学术界对土地流转模式应用与实践也进行了广泛深入的研究,主要集中于对基本流转模式、新型流转模式以及地方典型模式的研究和探讨。

2.2.2　基本流转模式

1.出租

出租是指土地承包人将土地承包经营权有偿转给承租方,这种承租方既包括统一集体经济组织的其他农户,也包括本集体经济组织以外的"他人"。这种模式包括《土地承包法》和《土地管理办法》中讲的转包和出租,以及人们通常所讲的代耕。《土地承包法》和《土地管理办法》中讲的转包和出租都是由承租方付给土地承包人一定的费用,只是承租的对象不同,转包的承租人是"统一集体经济组织的其他农户",出租的承租人是"他人"。代耕是指暂时无力或不愿经营承包地的农户,经自行协商临时把承包地交由别人（大多是亲友）代耕。代耕也是一种出租，土地承包人将土地交由他人代耕有两个目的，一是防止土地撂荒，二是在取消农业税前，一般由代耕方负担税费，农业税取消后，一般为免费代耕。代耕者既没压力也没动力，一般是种多少收多少，生产效率低下。出租后原土地承包关系不变，原承包方继续履行原土地承包合同规定的权利和义务，承租方按照出租时约定的条件对承包方负责。

2. 转让

转让是指经承包方和发包方同意，将部分或全部土地承包经营权流转让渡给其他从事农业生产经营的农户，由其履行相应土地承包合同的权利和义务。转让包括《土地承包法》和《土地管理办法》讲的转让和互换。从狭义上讲，根据对价的有无及不同，土地承包经营权的转让方式包括买卖、互换及赠予三种。其中互换仅限于同一集体经济组织承包方之间，转让没有这种限制，因此，互换可以理解为转让的一种。互换没有买卖标的，互换之后双方都还有土地承包经营权。转让可以在非同一集体经济组织承包方之间，且有买卖标的。互换和转让都按《土地承包法》第三十七条规定，"土地承包经营权采取转包、出租、互换、转让、或者其他方式流转，当事人双方应当签订书面合同。采取转让方式流转的，应当经发包方同意。"可见，土地承包经营权可以作为特殊民事权利进行处分，但承包人流转土地承包经营权的行为需符合一定的条件。对于转让行为，需要双方签订书面合同，并经发包方备案；对于转让行为，需经双方签订书面合同，并经发包方同意。转让后原土地承包关系自行终止，原承包方承包期内的土地承包经营权流转部分或全部灭失，转让。《土地承包法》和《土地管理办法》中包括的转让和互换，见王祥军（2007）。

3. 入股

入股是指在明确农村土地集体所有权的基础上，坚持农民自愿的原则，土地承包人以土地承包使用权作为股权联合从事农业合作生产经营，或以土地承包使用权量化为股权入股组成股份公司或合作社进行生产经营的行为。国家对入股企业不允许,入股合作社允许。《土地承包法》四十九条提到"通过招标、拍卖、公开协商等方式承包农村土地,经依法登记取得土地承包经营权证或者林权证等证书的,其土地承包经营权可以依法采取转让、出租、入股、抵押或者其他方式流转";《土地管理办法》在第三章流转方式中确认了土地承包经营权流转的入股方式和"承包方之间可以自愿将承包土地入股发展农业合作生产"。入股农民作为企业的股东,可参与也可不参与土地经营,按股分红,但与企业共担风险,共同进退。入股的优点是在不改变承包使用权的基础上,改变了单家独户耕种的局面,实现土地资本集约化、规模经营化、市场化。其缺点是风险较高,一旦企业效益不好或破产,农民利益将受到较大损失。但入股合作社则相对风险较小。

4. 抵押

抵押是指土地承包人以自己拥有的土地承包使用权为抵押,取得银行贷款的行为。抵押具有一定的个人风险,如果农户不能按期还贷,所抵押的土地将由农村信用社接管并进行经营,直至贷款还完。《土地承包法》第四十九条规定"通过招标、拍卖、公开协商等方式承包农村土地,经依法登记取得土地承包经营权证或者林权证等证书的,其土地承包经营权可以依法采取转让、出租、入股、抵押或者其他方式流转";《土地管理办法》允许"四荒"土地抵押。目前,我国对土地使用权抵押贷款采取严格的限制,主要是由于农村土地是我国农业人口主要甚至唯一的收入来源,抵押过程可能造成农民失去生存之本,引发严重社会问题。基本流转模式具有的关系比较简单,一般只涉及转出方和转入方两个方面的利益;流转范围比较狭小,一般是在亲戚、朋友或邻居之间进行流转;交易信息相对对称;流转时间可长可短。由于基本流转模式比较灵活,对农业内外部要求比较低,对流转的数量和效率也没有要求,因而流转比较容易达成,适用范围广泛。但基本流转模式具有一定的局限性。流转大多数是自发进行的,一般不具有书面合同,流转行为不规范;流转在很多情况下是为了土地承包权的保留,流转后未带来经营效益的明显增加。所以,这种流转模式不能从根本上解决农村家庭联产承包制责任制存在的最大矛盾,即社会化和市场化与分散经营之间的矛盾,只能是土地集中流转的过渡模式。

2.2.3 新型流转模式

改革开放以来,各地通过农村土地流转实践,形成了一些具有地方特色的典型流转模式,形成了一系列以地方试点为形式、以探索试验为主的诸多模式,代表性的有以下几个。

广东南海模式:1992年,佛山市南海区罗村镇下柏管理区,把辖区内农民的土地划分为农业保护区、工业开发区及群众商住区,同时以行政村或村民小组为单位,将农民承包的农村集体经营组织拥有的集体土地集中起来,然后由股份合作组织将土地统一发包给专业队或少数中标农户规模经营,或由集体统一开发和使用。农民依据土地股份分享土地非农化的增值收益、经营收益,经营初期股权不能继承、转让、抵押和提取。南海模式打破了政策上的种种限制,实现了土地的集约化经营,是中国最早的一种农村土地流转实践探索。

湖北监利模式:将宅基地、自留地、口粮田以外的水田、旱地、水面等土地一律公开竞价发包,以两田制为特征。

浙江嘉兴模式:把农民的安置补助费和土地补偿费用于农民社会保障,以土地换社保为特征。

安徽芜湖模式:由村民委员会统一发包给本村集体经济组织成员承包经营土地,以农民集体建设用地使用权流转为特征。

江苏昆山模式:通过复耕等方式将额外非农建设用地转给农户或农户入股经济组织建造基础设施,以集资办社为特征。

广东广州模式:明确规定土地使用权可直接进入市场交易,并将收益的50%以上用于农民社会保障,以农地直接入市为特征。

四川成都模式:建立农村产权交易所,以市场为导向,进行农村产权流转和农业产业化项目投融资,以农村土地资本化为特征。

天津模式:按照规定的置换标准换取小城镇的住宅,迁入小城镇居住,原宅基地统一组织整理复耕,以宅基地换房为特征。

重庆模式:用城市的社会保障换农村的承包地,用城市的住房换农村的宅基地,以双交换为特征。

这些流转模式的共同特征是,在某一方面突破了当时政策规定的一些限制,对当地农民增收和农村发展,起到了一定的积极作用,但也都存在一定的局限性。为了实现土地的有效流转,实现集约化、规模化生产,提高土地的经营效益,在地方实践的基础上,理论界提出了一些操作性较强的新思想和新模式。代表性的有以下几个。

杨学城等(2001)在对中国农村实行 30 年土地使用权的情况调查的基础上,分析了土地使用现状,并在此基础上研究了我国土地流转的模式,认为有偿转租或转让、土地投资入股、土地信托、土地互换等流转模式,是实现农业产业化、现代化和农村城镇化的有效方式。

彭富明(2005)提出了土地股份合作制,这种土地流转模式可以突破土地所有权、承包权和经营权的分离,解决土地流转中存在的产权不明、流转规模有限、无法兼顾稳定与公平、分散与产业化经营的矛盾,满足农业规模经营的需要。

杨德才(2005)提出一种股田制企业模式,股田制产权明晰、利益与经营者自身息息相关、可以体现农户的自主权,能够较好地解决我国农村家庭联产承包责任制面临的突出问题。

姜勇等(2009)以土地整理为平台,促进农业结构调整,促进农村承包经营权流转,促进新农村建设。以土地整理项目为先导,通过引导地方政府招商引资逐步实现农村土地承包经营权的流转,达到农业结构的调整、投入产出效益最大化和促进社会主义新农村建设的目的。

韦云凤(2009)对广西富川农业土地流转进行了实践调查,在总结目前农村土地流转面临问题的基础上,提出了"集体统一规划、小组协调生产、分户承包管理"和公司+基地+农户等土地流转模式。

吴力科(2009)提出了"土地流转"与专业合作建设相结合的农民专业合

作社模式,认为发展"一村一品"是创建专业合作社的前提。

骆东奇等(2009)在分析土地流转发展和传统土地流转模式的基础上,从城乡统筹发展的视角,提出了以土地折股、农户低保金确定、股份设置、建立股份合作企业等四个环节操作农村土地入股型流转模式。

唐学文、王有斌(2010)针对湖南省农村土地流转的现状提出了"公司+基地"、土地股份合作、季节性流动等模式,解决农村土地出现的"四荒""有地无人种,有人无地种"问题,有效推进农村土地流转。

蒋永穆、杨少垒(2010)认为利益的多元化是土地承包经营权流转的瓶颈,而利益协调推进模式是建立农民、企业、集体和政府"四位一体"、根本目标一致、四方合力推进土地经营权流转的有效模式。邓大才提出对不同地区实行不同的土地流转模式,提倡在东部经济较发达和城郊非农机会较多的地区使用股份合作经营模式、承包土地资本化模式、承包土地证券化模式;在经济条件不太好,农民非农就业机会不多的地区采用承包土地反租倒包模式、团体租赁经营模式和托管经营模式。

新型流转模式最大限度地提高了土地的利用效率,有利于实现规模化经营,同时,实现了土地所有权和使用权的稳定分离,也有利于分散农业经营的风险。但新型流转模式对农业内外部要求比较高,存在对农村剩余劳动力的转移、建立农村社会保障、培育优秀集体或龙头企业等一系列问题。

土地流转的本质是一种产权交换。诺斯将产权交换分为三种:人格化的交换、非人格化交换、由第三方实施的非人格化交换。契约是专业化经济体系中交换所必需的,交换的复杂度是契约层次的函数。

人格化交换的特点是:重复交易、文化同质、缺少第三方实施、交易费用很低。在这种经济体中,由于专业化程度低、劳动分工未发展成熟,因而转型成本或生产成本很高。当交换的规模、范围扩大后,虽然,契约双方都努力使所有交换人格化,但由于交换的种类与次数越来越多,订立的契约越来越复杂,所以,这种努力很难或不可能做到。由此,演化出非人格化交换,其特点是:以家族纽带、契约、抵押或商业准则来约束双方。这种交换冲破了区域性实体的边界。随着分工的进一步深化,由第三方实施的非人格化交换成为当代成功经济体的重要支撑,其特点是交换的深度和广度空前扩大、非重复性、复杂性和专业性。与此同时,投机、欺诈,以及规避责任等现象也同步增长了,正因如此,诺斯(2008)强调,具有强制力的第三方不可或缺①。

政府组织作为第三方、动用强制力量来实施合约,则在监管与实施合约方面存在巨大的规模经济效应。但困难的是如何才能让国家作为一个完全中立的第三方行事,避免管理者利用公权力为自己牟私利。公正的司法系统有助于让大众相信,影响结果的是法律依据而不是私下交易。

农村集体土地流转最初的形式是一种人格化的交换,这种情况下土地流转的交易成本低,在熟人社会中通过非正式约束,契约能够自我实施,但难以形成规模经营,也不能显著降低生产成本。要实现更大规模的土地流转,需要中立第三方实施机制,政府作为第三方,在监管与实施合约方面存在巨大的规模经济效应,但需要一种制度约束让政府组织是完全中立的。

2.3　土地定价方法的国内外研究综述

土地定价问题是经济学中比较古典的问题之一。一些著名的古典经济学家,如亚当·斯密、李嘉图和马克思都分析过土地价格的决定问题。这些研究得到一个较为一致的基本结论,即土地价格是地租的资本化价值。如果使用现代金融学的语言,土地定价的经典方法是用恰当的经过风险调整的折现率来折现当前和未来的现金流。现代金融学中几乎所有的资产定价公式,都可以看作是这种观点的延伸,即表现为折现现金流的形式(Cochrane,2001)。土地市场的核心和关键是价格机制的构建。我国已经建立了城乡土地价格体系

---

① 道格拉斯·C.诺思.制度、制度变迁与经济绩效[M].杭行译.上海:格致出版社,上海人民出版社,2008:47.

的雏形,包括城市基准地价、宗地地价、农地地价、征地区片综合地价等,应在此基础上,利用现代金融学理念,建立科学合理的土地定价机制。

2.3.1 国外土地流转定价的相关文献

国外针对土地流转价格的研究较丰富,主要是运用计量经济模型定量分析土地流转价格及其影响因素。Capozza 和 Helsley(1990)以李嘉图的"资本化公式"为基础,分析认为土地流转价格包括土地农用收益、流转成本、可达性价值和流转后未来收益的期望增值、附加费用等四个方面。而Plantinga和Miller(2001)也用同样的方法对土地价格进行了估算。另外,根据土地价格影响因素定量分析来确定土地价格的研究也比较多。Hans(1995)在他的博士论文中使用特征价格法(Hednoic Method)来评价土地流转价格。之后这个方法得到广泛的应用,土地流转价格的解释变量包括宗地特征(如面积、形状、土壤侵蚀程度、距离市区的距离等)、买主和卖主的特征、选择价值等。土地流转分为可逆转流转和不可逆转流转,国外对土地流转价格的研究主要是基于不可逆转流转的角度。从英、日、法、美等发达国家的实际土地流转价格来看,各国在土地流转过程中,不但考虑土地价格的影响因素,还考虑了对农民权利保护和农民利益分配的公平性问题。而且,土地流转的公平性是更为重要的环节,从一定意义上讲,保护农民土地权利和利益补偿是土地流转的核心内容,见史志强(2009)。

2.3.2 国内土地流转定价的相关文献

由于中国转型经济的大背景和特殊的土地制度,我国土地流转定价方法的研究还处于探索起步阶段,许多学者从不同的角度进行了探讨。在国际成熟的定价方法的基础上,结合国情,产生了土地资产定价的若干有效的方法。常用方法有收益还原法、市场比较法、成本法、基准地价系数修正法、土壤潜力评价法、收益资本法、购买年限法、长期趋势法等。这些定价方法对中国的各级各类土地市场有不同的适用性,见表2—1。

1.收益还原法

收益法,也叫地租资本化法,是以土地还原利率将土地在将来所能产生的期待纯收益折算现值的总和,求取待估土地价格的方法。由于土地的固定性、永续性,使得土地的所有者能期待在未来年间持续取得纯收益,所以纯收益的资本化可以作为土地价格。收益还原法用于土地估价时,把购买土地作为一种投资,地价款作为购买未来若干年土地收益而投入的资本。因此,收益还原法是估算土地在未来每年预期纯收益的基础上,以一定的还原率,将评估对象在未来每年的纯收益折算为评估时日收益总和的一种方法。

地产价值＝地产纯收益÷收益还原利率

表 2—1　中国的土地市场与定价方法

土地市场类型 ＼ 土地市场要素		市场类别	价格	定价方法
一级市场	土地征收市场	公开市场	征收价格最高限价	收益还原法加入社会保障修正定价法
二级市场	农村集体建设用地市场	隐形市场	自发价格	影子价格法
	农村集体农用地市场	公开市场	协议价格	影子价格法
	城市土地使用权出让市场	公开市场	协议价格拍卖价格	成本法基准地价修正法实物期权方法
		隐形市场	隐形价格	影子价格法
完善的土地市场		公开市场	市场价格	市场比较法

若土地收益为无限年期,则土地价格 $L=R/r$,其中,R:土地纯收益(或地租);r:土地还原利率。

若土地收益为有限年期,则土地价格:$L=\dfrac{R}{r}\left[1-1/(1+r)^n\right]$,其中,L、R、r 含义同前;n:土地使用年限。

收益法适用于有收益(如出租、商业、工业用地)或潜在收益的土地的估价。利用收益法得到的估价结果的可信度与准确度取决于土地纯收益、还原率的准确程度。

收益还原法以地租理论和土地收益理论为依据,是运用适当的土地还原利率,将土地未来若干年纯收益额通过折现计算,进行还原从而确定土地流转价格的一种方法。大多数学者认为,收益还原法适合我国土地流转价格的估算。例如,彭荣胜等(2002)提出,虽然收益还原法存在纯收益与还原利率确定困难的问题,但运用范围广泛。根据我国实际情况,学者们对该法进行了深化。陈青安等(2008)从收益还原法中纯收益存在的问题着手,探讨了利用C＆D生产函数确定纯收益的定量化方法。李亚男(2009)在总结还原率的市场提取法、安全利率加风险调整法、投资风险与投资收益率综合排序插入法以及投资复合收益率法的基础上,提出了将几种对还原率有较大影响的因素综合起来考虑的复合还原率方法。

收益倍数(乘数)法是收益还原法的一种简单形式。一般公式为:地价＝年总收益×若干倍数。这种方法简单易行,在我国《土地管理法》中规定,"土地补偿费为该耕地被征收前3年平均年产值的6到10倍"。但受到了很多学者的批评,例如,王勇等(2005)认为这种定价方式实际上是把农业生产看作是稳定的,认为农户生产经营成本和收益在未来几十年里都恒定不变,没有考虑农业生产的波动和不确定,不符合经济学原理和市场规则。

2.加入社会保障修正的土地定价法

土地流转价格＝(1＋社保系数)×基准流转价格

＝基础流转价格＋农民社会保障期望

在我国,农用地除了给农户带来经济收益之外,还具有不可忽视的土地社会保障功能。虽然土地的社会保障功能目前并未能在货币上得到体现,但这种保障作用是切实存在的,尤其在农民可以获得农业以外收入时,土地的保障功能在某种程度上要高于其经济功能。有限的土地在大多数传统地区实际上对农民的保障功能重于其生产功能(温铁军(2000)),也就是说它的作用是使农民安身立命,起到保障作用,而不仅仅是生产资料。因此,许多学者抛开纯经济价值计量方法,转而从社会福利的角度研究征地补偿价值问题。朱仁友(2002)通过对农地的福利保障性质分析,提出在农村集体向农户有偿出让土地使用权时,必须考虑农地的福利保障性质,不能完全按照市场经济原则来确定土地出让价格。姚洋(2000)分析认为,农地具有基本生活保障、养老保障、失业保障、基本医疗保障等功能,同时也指出农民农业收入占总收入的比重呈降低趋势,土地社会保障功能发生弱化。段跃芳(2005)在对比分析了各国土地价格评估方法的基础上,提出土地社会保障价值量化的养老保险金和最低社会保障计算方法。单胜道(2002)认为农地收益价格应该是农地经济收益价格、农地生态收益价格和农地社会收益价格三者之和。刘卫东和彭俊(2006)则从失地农民土地财产的实际损失补偿的角度分析,提出征地补偿费包括土地的选择价值、最低生活保障(包括最低生活补助、医疗保险、养老保险、失业保险)、失地农民再就业培训费和失地农民创造就业机会的基本投资差额等几个方面。

3.基准地价修正法①

对于城市土地使用权的价值,近年来进行了大范围的基准地价评定工作,并且已得出城市不同级别的土地的基准地价,这对于衡量城市土地使用权的价值具有较可靠的指导意义。针对到某一地块的土地使用权价值评估,可以参照已有的同级别、同用途的基准地价,进行一般因素、区域因素、个别因素的调整,最后得出估价对象土地使用权价值的方法。这种方法有一定的政策性。基准地价修正法是在基准地价的基础上,根据影响各种类型用地的宗地地价的区域因素和个别因素,建立宗地地价修正系数表,并利用宗地地价修正系数表评估宗地地价的一种应用估价法。基准地价修正法的实质是比较法,在基准地价评估基础上编制的各因素修正系数表和因素条件说明表,是比较标准的。在宗地发生出让、转让、出租、抵押时,评估者对土地使用年期、地产市场供求状况、土地收益、用途、区域影响因素、个别因素进行调查和具体分析,对照因素修正系数表对基准地价进行系数修正,从而快速方便地得到宗地价格。

具体评估方法如下:

---

① 朱道林.不动产估价[M].北京:中国农业大学出版社,2007.

①确定宗地的位置及用途，以确定进行修正的基准地价和影响因素项目。

②调查影响宗地地价因素的宗地指标。按照宗地所在区域和用途对应的修正系数表内容，充分利用已收集的资料和土地登记资料，并进行实地调查，整理宗地地价因素指标数据。

③确定宗地地价因素修正系数。按照宗地用途和所处区域，以及与修正系数表内容相对应的各项因素指标数据，确定各因素对应的修正系数，计算宗地地价影响因素的总修正值。

④对出让或使用年期不一致的宗地，要进行年期修正。

⑤对宗地估价期日与基准地价估价期日之间地价水平有变动的，还应进行期日修正。

⑥对评估目的不同，如税收、股份制改组、清产核资、抵押和拍卖等可进行评估目的的修正。

⑦对于其他影响地价的因素，如容积率，如果在系数修正时未被考虑，也应进行修正。

⑧确定宗地地价。

4. 成本法

成本法是以开发土地所耗费的各项费用之和为主要依据，再加上一定的利润、利息、应缴纳的税金和土地增值收益来确定土地价格的方法。杨文杰(2009)的基本公式为：

土地价格＝土地取得费＋土地开发成本和利润＋土地税费＋
　　　　　土地所有者权益

适用于在土地市场不发育、成交案例不多、无法利用市场资料情况下的土地评估。但是，通常认为成本法不适于土地评估，就如盛乐山等(1999)所说，由于造田造地在农用地总量中所占份额太小，对土地整体评估不具有代表性，更何况所造"生地"需熟化若干年后才达到种植要求，所以成本法的应用面很有限。

成本法的基本思路是把对土地的所有投资,包括土地取得费和基础设施开发费两大部分,作为"基本成本",加上基本投资所应产生的相应利润和利息,组成土地价格的基础部分。并同时根据国家对土地所有权在经济上得到实现的需要,加上土地所有权应得收益(即土地出让金),从而求得土地价格。即:土地价格＝(土地取得费)＋(土地开发费)＋(税费)＋(利息)＋(利润)＋(土地所有权收益:即土地出让金)。

成本法可以衍生出剩余法又称假设开发法,是将某一待估土地上全部建筑物的销售价格减去正常建造成本、正常利润、税金、利息,从而求得该地块价格的一种土地估价方法。利用剩余法估价应遵循土地最有效利用原则,确定土地最佳利用方式。在具体应用中,应正确确定房地总价值或土地开发完成后的总价和房产价值或土地开发费用。

5.市场比较法[①]

市场比较法是在同一市场条件下,根据替代原则,将待估土地与在较近时期内已经发生交易的类似土地交易实例进行对照比较,参照该土地的交易情况、期日、区域以及个别因素等差别,修正得出待估土地在估价时点地价的方法,见杨文杰(2009)。以市场比较法评估土地价格用以下公式。

$$待估宗地价格\ V:L = L_V \times T_A \times T_B \times T_D \times T_E$$

其中,

L_V:比较实例价格;

T_A:待估宗地情况指数÷比较实例宗地情况指数＝

　　正常情况指数÷比较实例宗地情况指数;

T_B:待估宗地估价期日地价指数÷比较实例宗地交易期日地价指数;

T_D:待估宗地区域因素条件指数÷比较实例宗地区域因素条件指数;

T_E:待估宗地个别因素条件指数÷比较实例宗地个别因素条件指数。

用市场比较法评估土地价格,除对可比实例进行交易情况修正、交易日

---

① 朱道林.不动产估价[M].北京:中国农业大学出版社,2007.

期修正、区域因素修正、个别因素修正外,还应根据使用年期、容积率等因素进行修正。

(1)使用年期修正

土地使用年期是指土地交易中契约约定的土地使用年限。我国实行土地有偿、有期限、有流动使用制度,土地使用年期直接影响到土地使用效用和获取土地收益的年限,进而影响地价。例如,国家规定工业用地使用年限为50年,可比实例用地交易时已使用了10年,剩余年期为40年,待估宗地为新出让工业用地,使用年期为50年。

(2)容积率修正

容积率是建筑面积与占地面积之比。一般城市规划对城市不同地区的建筑容积率有一定的规定限制。容积率越大,单位土地面积上的建筑面积越大,土地利用的效率就越高,从而影响地价。关于容积率的修正目前有两种方法:一种是把容积率作为个别因素的一个子因素,只进行个别因素修正;另一种方法是把容积率修正从个别因素修正中分离出来,分别对容积率和个别因素进行修正。这两种方法本质上是一致的,在欧美及日本,由于市场竞争和城市规划的原因,在同一区域所有宗地的容积率都相差无几,所以一般无须修正。但在中国,由于没有形成完善的竞争机制,城市规划以局部、短期为主,缺乏整体布局、长期效益的观念,在同一区域内的容积率相差悬殊。

市场比较法是土地市场最重要、最常用的方法之一,也是一种技术上成熟、最贴切实际的估价方法。这种方法体现了市场的供求关系,具有现实性,说服力很强。运用市场比较法,一般需要做参数修正,因而难度较大,要求估价者有丰富的估价知识和经验。主要适用于地产市场发育较好、有许多交易实例、有充足的具有替代性的土地交易实例的地区。市场比较法除可直接用于评估土地的价格或价值外,还可用于其他估价方法中有关参数的求取。

大多数学者认为,我国目前农用土地市场还很不健全,尚不宜采用市场比较法。黄贤金(1993)指出,市场比较法对农用地价格的估算是在市场体系较为完善条件下形成的供求均衡价格。我国政府干预过多,致使农用地价格偏低,不具备经济合理性,据此得出的农用地价格显然不能反映农用地的应有价格。而彭荣胜等(2002)提出,市场比较法需要在同一地区或同一供求范围内类似地区中存在着较多的与待估不动产相似的交易实例。只有满足这些基本条件,市场比较法的估价才有效。但我国农用地市场尚不发育完全,已有的少数农户间的农用地承包权的流转还只是隐形交易,交易价格的确定不规范,不能作为农用地交易的市场参照。

6.影子价格法

影子定价:"在均衡价格的意义上表示生产要素或产品内在的或真正的价格"(丁伯根,1954),又称"最优价格""计算价格""预测价格",是荷兰经济学家詹恩·丁伯根在 20 世纪 30 年代末首次提出来的,该方法是运用线性规划的数学方式计算的,反映社会资源获得最佳配置的一种价格。被认为是对"劳动、资本和为获得稀缺资源而进口商品的合理评价"。

萨缪尔森指出影子价格是一种以数学形式表述的,反映资源在得到最佳使用时的价格。一般地,把影子价格定义为"一种投入(比如资本、劳动力和外汇)的机会成本或它的供应量减少一个单位给整个经济带来的损失"。

与此同时,前苏联经济学家列·维·康特罗维奇根据当时苏联经济发展状况和商品合理计价的要求,提出了最优价格理论。其主要观点是以资源的有限性为出发点,以资源最佳配置作为价格形成的基础,即最优价格不取决于部门的平均消耗,而是由在最劣等生产条件下的个别消耗(边际消耗)决定的。这种最优价格被美籍荷兰经济学家库普曼和原苏联经济学界视为影子价格。

列·维·康特罗维奇的最优价格与丁伯根的影子价格,其内容基本是相同的,都是运用线性规划把资源和价格联系起来。但由于各自所处的社会制度不同,出发点亦不同,因此二者又有差异:丁伯根的理论是以主观的边际效用价值论为基础的,而列·维·康特罗维奇的理论是同劳动价值论相联系的；前者的理论被人们看成一种经营管理方法，后者则被视为一种价格形成理论；前者的理论主要用于自由经济中的分散决策，而后者的理论主要用于计划经济中的集中决策。

7.实物期权方法

实物期权方法定价土地能够简洁地捕捉不确定性对地价的影响，同时能够用于分析土地的最优开发决策、最优买卖时机等问题。Myers(1977)最早把期权思想引入实物投资领域，他首次提出了把投资机会看作"成长期权"的思想，认为管理柔性和金融期权具有许多相同点。从现代金融学的发展来看，实物期权作为金融学、管理学和数学的交叉学科，已广泛应用于公司战略、自然资源、房地产、R＆D等的决策。Dixit和Pindyck(1994)总结了实物期权方法的基本模型。NPV方法是静态的思想方法，忽略了在未来进行决策的可能；相对于传统的NPV方法而言，实物期权方法特别适合于捕捉这种投资决策的弹性。这种弹性和时机选择显然存在于土地出售问题中，土地所有人有权决定是否以当前价格出售，或者等待，以期未来更好的价格。

许多国外文献讨论了实物期权方法在土地定价问题上的应用。Titman(1985)开创了用期权定价理论研究不确定条件下土地定价的先河。Capozza和Helsley(1990)、Capozza和Sick(1994)、Quigg(1993)在实物期权框架内研究了城乡土地关系问题。他们发现，耕地的价值随着其转换成城镇用地的期权价值的增加而增加。Joseph等(2006)使用类似的方法来分析新加坡房地产市场，发现地价的45％由开发权构成；Oikarinen和Risto(2006)则使用该模型研究了赫尔辛基的动态土地价格和房屋价格关系，发现土地价格的波动率大于住房价格的波动率，而且建筑用地的价格对空置地的价格有直接的影响。

实物期权研究的基本结论是土地的开发存在延迟，土地的拥有者会延迟土地的开发时间，只有当房价涨到一定程度时，土地才会被开发。证据显示，中国的房地产开发商在全国各地都有相当的土地储备，这和实物期权分析的基本直觉是吻合的。鉴于实物期权方法在其他市场和其他国家土地市场的成功,故可借助实物期权分析方法来理解中国房地产市场上的基本价格行为。国内学者多集中讨论农地征用补偿问题,分析的焦点则是相关的经济学和制度安排问题(黄祖辉和汪晖,2002),关于补偿数量和定价问题的数量化分析并不多。王云锋和王秀清(2006)把土地价格理解成欧式期权,并对其进行了研究,这意味着土地只能在特定的时间开发,这将低估土地所有者时机选择弹性的价值。徐爽和李宏谨(2007)将土地价格视为是基于房产价格的美式期权,$L = \max\{\bar{h} - K, 0\}$,克服了这一不足,但是忽略了中国土地的使用期限等政策问题。

2.3.3 文献评析

表 2-2 土地定价的文献回顾

作者	结论	方法
亚当·斯密 李嘉图 马克思	土地价格是地租的资本化价值	古典方法
Cochrane(2001)	定价土地的经典方法是用恰当的经过风险调整的折现率来折现当前和未来的现金流	现代金融学观点的延伸
点评:NPV 方法是静态的思想方法,忽略了在未来进行决策的可能		
Capozza 和 Helsley(1998)	分析认为土地流转价格包括土地农用收益、流转成本、可达性价值和流转后未来收益的期望增值以及附加费用等五个方面	计量经济模型定量分析土地流转价格及其影响因素
Plantinga & Miller(2001)	影响因素更多	
Hans	土地流转价格的解释变量包括宗地特征(如面积、形状、土壤侵蚀程度、距离市区的距离等)、买主和卖主的特征、选择价值等(这个方法得到了广泛的应用)	特征价格法(Hednoic Method)
点评:上述计量分析法的研究都建立在不同的大样本基础之上,采用历史数据进行回归,其本身的解释力是有限的,最主要的该方法的前提是假设决策的形成是清晰固定的,并且只考虑有形的利润和成本,忽略了"灵活性"的价值		

（续表）

作者	结论	方法
Turvey(2002)	土地的价值表现在其不仅被用于农业生产,也是房屋和其他建筑的载体	传统的土地定价方法忽略了不确定性和开发期权对定价的影响,实物期权方法特别适用于捕捉这种投资的弹性
Rosenthal(1999); Davis & Heathoots (2005)	在土地价格的形成中,开发住房的可能性构成超过50%的部分	国际证据
Myers(1977)	首次提出了把投资机会看作成长期权的思想,认为管理柔性和金融期权具有许多相同点	最早把期权思想引入实物投资领域
Dixit & Pindyck (1994)	总结了实物期权方法的基本模型	
Titman(1985)	用期权定价理论研究不确定性条件下土地定价的先河	开创性工作
Capozza & Helsley (1990); Capozza & Sick (1994); Quigg(1993)	在实物期权框架内研究了城乡土地关系问题,发现耕地的价值随着其转换成城镇用地的期权价值的增加而增加	
Joseph,etc(2006)	使用类似的方法来分析新加坡房地产市场,发现地价的45%由开发权构成	
Oikarinen & Risto (2006)	发现土地价格的波动率大于住房价格的波动率,而且建筑用地的价格对空置地的价格有直接的影响	
国内文献		
黄祖辉、汪晖(2002)	多集中讨论农用征地补偿问题,关于补偿数量和定价问题的数量化分析并不多	分析的焦点是相关的经济学和制度安排
王云锋、王秀清 (2006)		把土地理解为欧式期权,土地只能在特定的时间开发,这将低估土地所有者时机选择弹性的价值

（续表）

作者	结论	方法
徐爽（2007）		把土地理解为美式期权,假设市场是完全的
土地流转可分为可逆流转和不可逆流转,国外对土地流转价格的研究主要是基于不可逆转的角度,中国的土地价格更具有期权的特征		

　　应根据估价目的、估价对象的特点、所收集到的资料状况,选择土地基本方法与应用方法中的一种或几种并用,评估土地价格。各种方法有不同的适用范围和不同的特点。市场比较法、收益法、成本法应用的难点是找到合适的确定性参数。土地定价的方式也可以是多样的,比如现金、实物、债券等。实物期权方法和保险精算方法的应用难点是选择合适的标的物价格过程,比如城市用地可以选择房地产价格作为标的物价格过程,可农地流转的价格又该选择什么样的标的物价格过程呢?

2.4　本章小结

　　本章梳理了土地定价问题的理论脉络、历史脉络和方法脉络;回顾当代中国土地制度的演进,获得了中国当代农民土地权利发展的一个清晰的理论坐标;最后评述了现有土地定价方法,边际农业价值法、实物期权定价法、时间空间模型定价法等所谓科学土地定价方法都有其适用范围和局限性。由于中国农村土地是集体所有制,具有等级制、社区封闭性、政府控制等特点,并承担着收入职能、社会保障职能、就业职能。农地流转价格如何才是公平合理的,这个答案依靠市场来回答在中国可能还有较长的路要走,所以很有进一步探究的必要。

第3章　实物期权定价方法源流考

　　本章系统而深入地评述了实物期权定价方法体系。实物期权定价方法来源于不确定性的处理和应对。不确定性的类型决定了实物期权定价方法的适用范围。实物期权定价方法的经济金融学理论基础是：套利均衡原理，市场完全性和有效性假设，风险中性定价原理。实物期权的特性使得实物期权发展为一个丰富的类别。在经典实物期权方法的基础上，复合期权理论、期权博弈理论、模糊实物期权以及不完全信息下的实物期权方法正在被理论界积极地探索和研究。最后，本章介绍了期权与实物期权的数学模型及求解方法。本章为本书的整个研究提供了数理方法论基础。

3.1　实物期权定价方法来源于不确定性的处理

3.1.1　不确定性的分类及其处理方法

　　实物期权是未来的不确定性在实物资产价值变化中的体现，或者讲，实物期权就是不确定条件下的投资权利定价。分析需要进一步剖析不确定性概念本身。不确定性也可以理解为风险。Dixit 和 Pindyck(1994)注意到了这个问题的重要性，将影响实物期权价值的不确定性分为两类：市场不确定性和技术不确定性。技术不确定性是指科学技术的发展对经济行为的冲击；市场不确定性也被称为经济不确定性，是市场上影响投资价值的各种外生变量综合作用的结果，一般与经济的总体大环境相联系，与投资者的个体行为无关。获得市场不确定性信息的方法只有一个,随着时间的延伸扩大市场的信息域。在金融市场里,影响证券价格的不确定性也可分为两种,一是个体风险,反映特定证券的风险;二是市场风险,又称系统风险,反映市场总体经济环境。这两种不确定性对投资者而言都可认为是外生的。个体风险可以通过投资组合消除掉,因此投资者的期望收益只取决于市场风险,与个体风险无关。所以在金融期权定价时,就只需考虑系统风险,而不必考虑个体风险。实物期权定价同样受技术不确定性和市场不确定性的影响。消除市场风险的办法还是等待,让时间证明一切;技术不确定性在项目投资中通常被认为是一种内生的变量,必须采取积极有效的管理和决策活动予以应对,如分段投资、序列决策等。当然,在特定情况下,科学技术的发展不依赖于决策者的主观愿望,但一般来说,决策者的行为确实会影响其对科学技术发展信息的获取。由于内生的不确定性与决策者的活动有关,与整个经济环境无关,所以,决策者只能通过自己积极有效的市场行为得到更多技术不确定性信息,而不能依赖消极的等待。所以两种不确定性对金融期权和实物期权定价的影响有很大的不同。

3.1.2 不确定性与实物期权定价方法选择

建立刻画不确定性的数学模型是数理金融的第一步。一般而言,由市场风险冲击而形成的资产价格波动过程可用随机过程来描述,而受技术不确定性影响的资产价格变化过程一般很难用随机过程来刻画。根据市场不确定性和技术不确定性的大小,可将实物期权定价分为四种类型:其一:市场风险不高,而技术风险低。此时市场风险对资产价格的影响可用随机过程来描述。项目决策的期权价值可通过无套利定价方法估计。其二:市场风险与技术风险都很低。投资决策的实物期权价值无须考虑,项目价值可直接通过贴现现金流方法(DCF)估计。其三:技术风险和市场风险都很高。在这种情形下,必须依靠无套利定价方法和决策树或与随机动态规划法结合来分析。其四:市场风险低,而技术风险高。此时不确定性导致的资产价格过程不能用随机过程来刻画。投资决策蕴涵的期权的价值可通过决策树方法(DTA)或随机动态规划法(SDP)来估计,见表3—1。

表3—1 不确定性及处理方法

技术风险 \ 市场风险	低	高
低	贴现现金流方法(DCF)	无套利定价方法(N—A)
高	决策树方法(DTA)、随机动态规划法(SDP)	无套利定价方法和决策树方法或与随机动态规划法的结合

实物期权理论是金融期权思想和方法在实物(非金融类)资产期权上的扩张和应用,为深刻理解实物期权的经济金融学思想和方法,下面以金融期权定价理论为出发点,系统梳理实物期权的理论发展脉络。

3.2 实物期权定价方法的经济金融学理论基础

金融理论的逻辑起点是一般市场均衡。所谓一般市场均衡是指投资者在追求个人效用最大化的过程中通过市场交换而达到的平衡状态。一般均衡原理是分析投资者市场行为的基准之一。虽然理想的一般均衡在现实世界几乎不会出现,但是,一般均衡理论是理性认识社会经济行为的第一步。没有纯粹的理论,理论分析难以进行,实物期权定价理论亦如此。实物期权定价方法的经济金融学理论基础主要体现在以下三个方面:

1.无套利均衡原理

所谓无套利原理是指在市场上不存在套利机会,即投资者不可能没有投入而可获得报酬,换而言之,不可能在没有自有资本的情况下,完全通过融资就获得利益。无套利均衡假设是Modigliani & Miller(1958)首先提出来的。在一个完全有效的均衡市场中不存在无风险套利机会。

2.市场完全性和有效性假设

市场完全性是指每一种风险或不确定性都存在对应价格,所有的风险或不确定性可以在市场交易,从而完全市场存在唯一的均衡点。如果一个金融市场是完全市场,那么根据风险中性定价原理金融资产就有唯一价格。市场有效性是指资本市场的价格充分反映了资本市场的全部信息。如果金融资产的价格不能充分反映市场的所有信息,那么金融资产的实际价值与市场价格就会不一致,这意味着市场上存在套利机会,套利行为将使金融资产的价格与其实际价值趋于一致,从而市场达到完全均衡有效的状态。

3.风险中性定价原理

投资者的风险态度分为三种:风险偏好、风险中性(Risk-Neutral)和风险厌恶。风险中性的投资者对自己承担的风险并不要求补偿,只希望获取市场的平均收益。如果金融市场的每个市场参与者都是风险中性的,那么整个金融市场被称为风险中性世界。在这样的市场里,投资者不要求风险补偿,无风险利率是所有证券的预期收益率。经典的 B-S 公式中不含有带有投资者风险偏好的变量,这正是风险中性定价原理的体现。理由是尽管客观世界里的投资者的风险偏好存在差异,但投资者的套利行为将使风险态度对期权价格的正负影响恰恰相互抵消,从而实现无套利市场的均衡价格与投资者风险态度无关。这一规律使风险中性定价方法成为金融衍生工具定价的一个最重要工具。非风险中性的金融市场得到的金融衍生产品的价格与风险中性假设下得到的金融衍生产品的价格一致。这一思想的严谨化,由 Cox & Ross(1976)和 Merton(1976)通过引入随机分析中的鞅概念予以准确定义和说明,所谓鞅是指条件期望不变的一个随机过程。Harrison & Kreps(1979)利用随机分析的数学工具,深入研究了这一问题,建立了风险中性定价方法的理论框架,严格证明了存在等价鞅测度是市场无套利的充分必要条件,这个等价鞅测度也即风险中性测度。在金融学家和数学家的共同努力下,利用随机分析的三个支柱性定理,尤其是鞅表示定理(Martingale Representation Theory),从数学理论论证了风险中性定价原理,最终建立了市场的一般均衡资产定价模型与无套利定价模型之间的可靠稳固的联系。

3.3 期权定价理论

3.3.1 期权定价理论的产生

期权,源于拉丁语,英文单词是 option,最初是指拥有选择买卖的特权,现在是指投资者因支付一定费用而获得的权利义务不对称的选择权。期权思想最早可以追溯到公元前 1800 年的古巴比伦王国《汉穆拉比法典》中的记载。期权交易的雏形早在公元前 1200 年的古希腊和古腓尼基王国的贸易中就已经出现了,19 世纪 50 年代以后期权才开始快速发展,1973 年在芝加哥期权交易所(CBOE:The Chicago Board Options Exchange)开始出现了真正标准化的公开期权交易。1900 年法国数学家巴舍利耶(Bachelier)的博士论文《论关于投机的数学理论(On the Theory of Speculation)》正式开启了期权的理论研究工作。该文首次运用随机分析理论中布朗运动和鞅的概念,来描述证券价格在连续时间上的变化,建立了期权定价的数学模型;正如伽利略第一次拿望远镜观察月球一样,这篇论文有划时代的意义。在二十世纪四五十年代日本数学家伊藤(Kiyoshi Ito),将一般微积分的思想引入随机数学,推广了一般积分的概念,定义了随机积分(Stochastic Calculus),这也被称为伊藤积分,并且他利用伊藤积分的反运算定义了随机微分,由此建立了著名的 Ito 公式,随后在列纬(Levy H.)、维纳(Weiner N.)等数学家工作的基础上,一系列随机微积分基本定理开始被证明,数学家搭建了随机分析的基本架构。现在随机分析已成为处理随机变量之间变化规律的完整理论体系,随机分析逐渐成为金融学的基本工具。为了使数学理论和金融理论更好地结合,更准确地描述客观经济世界,模型的假设不断被放宽。之前的模型假设股票价格过程服从布朗运动,这个假设的不合理之处是股票价格可能为负,这显然与事实相违背。Sprenkle(1961)修正了这一基本假设,设定股票价格服从几何布朗运动;在这个假设的基础上,Boness(1964)推导出了服从几何布朗运动的欧式看涨期权定价公式，但由于定价结果依赖于有资产价格的期望收益率和期权价格期望收益率，这个期望收益率是投资者的个人效用函数的函数，即不同的投资者会有不同的期望收益值，所以在真实交易中无法应用；随后，Samuelson & Mc Kean(1965)则推导出服从几何布朗运动、有红利支付的永久美式看涨期权定价公式，这个研究结果只是数学模型上的进步，仍然无法克服上面模型的根本缺陷。

期权定价理论的标志成果诞生在无套利思想的基础上。在一系列研究成果的基础上，Black & Scholes(1973)通过引入无套利思想，成功地给出了服从几何布朗运动的欧式期权价格的解析表达式。这一结果的论证和完善由 Merton(1973)完成，Merton 不仅详细论证了 Black-Scholes 模型中所隐含假设的意义，并在多方面拓展了这一模型。由此，这一模型被世人称为 Black-Merton-Scholes 期权定价模型。这个模型奠定了现代金融理论的基础，是理论和实践的完美结合。同年四月，芝加哥期权交易所开始交易；短短两年后，芝加哥期权交易所的从业人员就开始利用 Black-Merton-Scholes 期权定价模型为期权商品定价、确定最优投资策略，实践证明了这一理论的巨大成功。金融理论第一次和实践结合得如此紧密，数理金融工具在现代金融理论中的重要作用迅速被大众认可，同时也吸引越来越多的学者投入到期权定价理论的研究之中。随之而来，各种期权定价模型被不断推导出来，各种金融衍生产品也层出不穷，理论和实践相得益彰共同促进了整个世界金融市场的发展。这一阶段的衍生证券定价理论总结由 Wilmott(1998)、Hull(2000)分别完成。

3.3.2　期权定价理论的发展

期权，从本质上来说，是一种权利和义务不对称的选择权，是一种基于标的物价格过程的衍生证券。所以，期权的内容和形式可以千变万化。与此相对应的应该是各式各样的期权定价模型。而经典的 B-S 期权定价模型只给出了若干种基本期权的定价公式。现实需要促进了理论的繁荣。同时，经典模型过于简单的前提假设也和真实的金融世界存在差距。由此，在经典模型的基础上，期权定价理论沿着这两条脉络不断发展。

1. B-S 期权定价模型

假设蕴含着模型的理论前提、实践含义和应用背景；同时，模型的推导依赖于金融逻辑、数学逻辑。所以有必要理清楚 B-S 期权定价模型的前提假设。

①证券价格遵循几何布朗运动；

②可以买空卖空；

③市场是无摩擦的，即无交易费用和税收，且所有证券都是可以无限分割的；

④没有红利支付；

⑤市场是无套利的；

⑥证券交易时间是连续的；

⑦风险利率为常数且不随时间变化。

这些假设一方面是客观现实的抽象，另一方面也是出于理论分析的方便。有些假设是出于理论上的需要而不是事实的浓缩，放宽这些严格的假设使得更接近客观事实，是期权定价理论最重要的发展方向之一。模型里的重要参数，如股息、常利率、服从几何布朗运动的标的物价格过程的标准假设被不断放宽。代表性的研究有：Merton(1973)通过将常数变量推广到随机情形的思路，建立了股息和利率都是随机过程的期权定价模型；Rubinstein(1976)和 Brennan(1979)基于一般均衡的思想，从代表性投资者的效用函数出发，得到了关于离散时间下的 Black-Scholes 偏微分方程数值解；Cox, Ingersoll & Ross(1985)利用期权工具分析考察了利率的定价问题；Merton(1976)注意到了突发事件对期权定价的影响，最早研究了服从带跳跃的几何布朗运动的资产的期权定价模型；Hull & White(1987)则建立了波动率为随机的期权定价的一般框架，Melino & Turnbull(1990)以波动率为随机的期权定价模型分析了外汇期权的定价问题；Heston(1993)给出了波动率为随机的期权定价的解析解；Scott(1997)将带有跳和随机波动率两个因素纳入到了期权定价框架,并进行了系统研究;Bates(1996)研究应用带有跳和随机波动率的外汇期权的定价问题,Bakshi,Cao & Chen(1997)和 Kallsen & Taqqu(1998)从实证角度,检验了模型的适用性,进一步研究了带有跳和随机波动率的期权的定价问题。

2.期权定价模型的拓展

经典的期权定价模型是在理想的市场环境下建立的,这当然和真实市场有差异。一直以来,关于市场的假设条件不断被突破,以寻求更贴近真实市场环境的期权定价模型,取得了一系列优秀研究成果。

如果市场环境假设由完全市场放宽为不完全市场,则股票的卖空就有了限制,市场交易必然有了税收等交易成本,这当然将更接近真实的市场,但代价是其定价模型的数学形式也复杂得多。Thorpe(1973)从实证的角度检验了卖空限制条件;Ingersoll(1976)和 Scholes(1976)分析了交易成本的影响,侧重于比较资本收益和股利的不同税率效果;Leland(1985)建立了有交易成本的期权定价模型;Boyle & Vorst(1992)则建立了在离散时间市场环境下有交易成本的期权定价模型;Naik & Uppal(1994)在离散时间的市场环境下,分析了交易成本和卖空限制对期权定价的影响;在相对容易的离散定价模型的基础上,Broadie & Soner(1998)讨论了连续时间市场环境下,有交易成本的期权定价问题;存在卖空限制且标的物为非交易资产的期权定价问题被 Detemple & Sundaresan(1999)建立起来了;随后 Constantinides & Zariphopoulou(1999,2001)从效用函数出发进一步研究了有交易成本的衍生证券定价模型。

3.期权类型的不断丰富

标准的欧式期权和美式期权只是期权的一种基本形式。基于这样的认识,本质上期权是一种权利和义务不对称的选择权。那么可以有各式各样的期权被设计出来。这也是金融工程的主体内容之一。一系列金融产品,如多资产期权、一揽子期权、亚式期权、非标准美式期权、远期期权、复合期权、任选期权、障碍期权、两值期权、回望期权、交换期权等纷纷面世。

3.4 实物期权理论

3.4.1 实物期权的产生

现代经济真实的市场环境瞬息万变,投资充满风险。所以投资决策时对不确定性的把握和不确定性价值的评估的重要性逐渐凸显出来。传统的投资决策本质上是现金流折现法(Discounted Cash Flow),是从成本角度或收益角度估计的期望收益在风险因子下的折现值,如回收期折现法、收益率折现法、净年值折现法、净现值折现法等。这种方法是一种静态的方法,因为折现方法假设期望收益率是定值,风险折现因子也是定值。这和复杂多变的市场环境是不吻合的。

这种方法虽经修正但还是不能令人满意。并且,绝大多数实物投资都是不可逆的,投资者不可能反悔,这种沉没成本更是无法折现,这导致传统的DCF决策方法失灵。Arrow & Fischer(1974)首次发现不可逆投资中延迟投资是有价值的,于是实物期权的思想被正式提出;Myers(1977)正式提出"实物期权"(Real Option)的概念,他指出对实物资产的投资可被认为是购买一个权利,实物资产的未来收益应该被这种权利分享。因此,项目投资的价值等同于未定权益的定价,可被纳入一般的期权分析框架。不同的是,这种权利购买的是实物资产,而不是股票、债券这样的金融资产,故又可称之为实物期权。Amram & Kulatilaka(1999)扩展了实物期权的应用视野,用实物期权定价的思想分析企业的战略投资决策。这种思维方式面向价值评估和战略决策制定,能帮助管理者更好地把握投资的不确定性和评估不确定性的价值。

随后,实物期权的思想和方法就开始被大量应用于各种资产投资和管理领域,系统的研究和总结由 Dixit & Pindyck 和 Trigeorgis,以及 Copeland & Antikarov 分别于 1996 年、2001 年完成。

3.4.2 实物期权的特性

实物期权首先是实物的期权,这里的实物,指各种各样的实物资产,如土地、设备、石油、投资项目等。实物资产和金融资产的最大不同之处是实物资产可以创造财富,而金融资产的交易是个零和游戏。茅宁(2000)指出了实物期权的三个特点:其一,实物期权的非交易性,是指由于流动性较差,实物资产一般不存在相应的活跃的交易市场;其二,实物期权的复合性,是指各种实物期权之间有一定的相关性,不仅在同一个项目内,而且在项目之间也存在;其三,实物期权的非独占性,是指未来收益可能被多个参与者所共享,因其未定权益价值还与竞争者的投资决策有关。金融期权的标的物是金融资产,如股票、国债、外汇、货币等。金融资产仅仅代表对实物资产的要求权,本身并不创造财富,并且金融资产具有流动性、可逆性、收益性,很容易标准化,便于形成市场性、规模化的连续交易。

　　从投资灵活性的角度来分析,投资者应该关注:投资内容,投资时间,投资方式,投资数额。通过这一系列选择来创造价值,而一旦确定一项决策就意味消除了一个不确定性,换句话说,执行了一个期权。这种投资灵活性的价值就是实物期权价值体现。所以,从实物期权的角度来看,投资决策不仅要考虑直接成本更应考虑机会成本。传统的折现法可修正为:实物投资价值＝净现值＋实物期权价值。由此可以发现金融期权和实物期权一个最本质的不同:一个的核心在于定价,一个的核心在于决策!事实上,在实际投资决策中,忽略掉一个因素比误判了一个因素风险更大!实物期权方法正是通过对不确定性及影响分析的规范化思考,来创造价值。实物期权的思维方式开阔了投资视野,增加了投资的备选方案;实物期权的技术分析将战略具体化为一系列投资决策。所以,实物期权不只是金融期权外延的简单扩展。

　　"金融模型在数学形式上可以精确,但模型应用到复杂世界时本身并不精确,模型的应用是实验性的,需要仔细评价应用时面临的每一个限制条件。"著名金融学家 Merton 的这句名言告诫我们,在现实世界使用一个模型时,应该要多么的小心翼翼!期权定价理论应用于实物资产投资时,实物资产的不可交易性、价值漏损诸多因素是否可用实物期权框架分析?影响的结果如何?只有尽可能充分地把握不确定性才能做出最优投资决策,而实物期权框架只是诸多不完美的方式之一。

3.4.3 实物期权的分类

不同的投资灵活性可对应一个实物期权，所以，实物期权的种类繁多。按时间来分，实物期权可分为推迟、放弃；按投资规模来分，实物期权可分为扩张、收缩等；按阶段来分，实物期权可分为单阶段期权和多阶段期权。实物期权的分类归纳如表3-2所示。

表3-2 实物期权的类别

期权类型	基本含义/代表性文献
等待期权	推迟对投资决策，等待更有利的时机 Titman(1985)；Mc Donald & Siegel(1986)；Trigeorgis & Mason(1987)；Paddock,Siegel & Smith(1988)；Pindyck(1991)；Ingersoll & Ross(1992)；Farzin,Huisman & Kort(1998)；Luehrman(1997,1998a)
放弃期权	可放弃投资，出售资产 Dixit(1989)；Myers & Majd(1990)；Berger & Swary(1996)；Alvarez(1999)；Bebckuk(2000)；Pennings & Lint(2000)
转换期权	可在多种决策之间进行转换 Margrabe(1978)；Baldwin & Ruback(1986)；Kensinger(1987)；Kulatilaka & Marcus(1992)；Kulatilaka & Trigeorgis(1994)；Edleson & Reinhardt(1995)；Childs,Riddiough & Triantis(1996)
扩张、收缩期权	市场好，扩大规模；市场不好，可收缩、暂停 Mc Donald & Siegel(1985)；Trigeorgis & Mason(1987)；Kulatilaka(1988)；Pindyck(1988)；Kogut(1991)；Kamrad(1995)；Mauer & Triantis(1994)
增长期权	初始投资是后续投资的先决条件，创造成长机会 Myers(1977)；Kester(1984)；Newton & Pearson(1994)；Herath & Park(1999)；Pennings & Lint(1997)；Lint & Pennings(1998)；Kulatilaka & Perotti(1998)
多阶段期权	分阶段投资，各阶段都有期权，如果不经济，可放弃 Hodder & Riggs(1985)；Majd & Pindyck(1987)；Carr(1988)；Trigeorgis(1991,1993a)；Barihan & Strange(1998)
复合期权	并非多种期权简单相加，相互作用 Brennan & Schwartz(1985)；Trigeorgis(1993b)；Luehrman(1998b)；Ross(1998)

除此之外,近年来随着实物期权理论和实务的不断发展,出现了许多新型期权,如复合期权、障碍期权、任选期权等,由于这些期权是标准的美式期权、欧式期权在某些方面或多或少的变异,因此也被称为奇异期权。如何对各种各样的奇异期权进行合理定价是金融工程的理论和实务者研究的一个难点、热点问题。

3.4.4　实物期权与金融期权的比较

细微的差别会导致模型的误用,从而导致定价的错误或投资决策的失误。下面将从驱动过程、市场特性、交易范围等方面理清实物期权和金融期权两者的相似性和差异性,以便于更准确地理解实物期权的复杂性。详细内容请参考 Miller & Park(2002)的研究。

3.4.5　实物期权理论的发展

1. 研究领域不断拓展

(1)国际的研究领域

实物期权的应用研究从 20 世纪 80 年代中期开始兴盛。因为许多自然资源如铜矿等都有相应的期货交易市场,所以初期的实物期权主要集中于此。研究的便利也在于数据的可获得性。后来实物期权的思想逐步被社会所接受,其应用领域也逐渐拓展,涵盖各个不同经济领域。现在实物期权的研究可分为:房地产开发的实物期权、信息与生物技术的实物期权、竞争与战略的实物期权、制造与存货的实物期权、自然资源的实物期权、研究和开发的实物期权、股价评估的实物期权、技术创新的实物期权、风险投资的实物期权等。

将国际实物期权的各个研究领域及代表性文献归纳为表 3−3,主要参考 Trigeorgis(1993b)、Lander & Pinches(1998)、Miller & Park(2002)和冯邦彦(2003)的相关研究。

(2)国内的研究领域

实物期权的概念首先被国内学者陈小悦等(1998)在《实物期权的分析与估值》一文中引进,该论文属于综述性的文章,实物期权的基本分类、实物期权估值的离散方法和连续方法都得到了较详细的阐释；随后，探索性的研究，由黄凯（1998）在企业的战略投资决策领域予以尝试。伴随着中国经济改革开放的步伐，研究实物期权的热潮在国内金融、管理各领域开始了，出现了一系列研究成果，涵盖国外实物期权研究的几乎所有领域。表3－3归纳了主要研究领域和代表性研究文献。

综上所述，国内实物期权理论研究已涵盖中国经济生活的各个主要领域。不仅研究领域广，而且实物期权的模型也在不断丰富；研究方法已从简单的套用和修正经典模型向纵深发展，逐步把市场的不完全性、博弈因素纳入实物期权的分析框架。也许和中国的金融实践水平相关，实物期权理论研究切合实际应用的还不多，需要在工程层面、技术层面进一步深入探索研究。

表3－3　实物期权领域的经典文献

研究领域	研究文献
自然资源	Brennan & Schwartz（1985）；Paddock, Siegel & Smith（1988）；Kemna（1993）；Kelly（1998）；Cortazar & Casassus（1998）；Kamrad & Ernst（2001）
信息与生物技术	Ottoo（1998）；Panayi & Trigeorgis（1998）；Schwartz & Moon（2000）；Rausser & Small（2000）；Kellogg & Charnes（2000）；Brach & Paxson（2001）
制造与存货	Ritchken & Tapiero（1986）；Chung（1990）；Mc Laughlin & Taggart（1992）；Cortazar & Schwartz（1993）；Mauer & Ott（1995）；Stowe & Su（1997）
研究和开发	orris，Teisburg & Kolbe（1991）；Herath & Park（1999）；Childs & Triantis（1999）；Jensen & Warren（2001）；Lee & Paxson（2001）；Lint & Pennings（2001）
风险投资	Sahlman（1993）；Gompers（1995）
股价评估	Chung & Charoenwong（1991）；Keeley & Punjabi（1996）；Kelly（1998）；Jagle（1999）；Kellogg & Charnes（2000）
竞争与战略	Bowman & Hrry（1993）；Kogut & Kulatilaka（1994）；Bollen（1999）；Bernardo & Chowdhry（2002）
技术创新	Kumar（1996）；Mc Grath（1997）；Taudes（1998）；Mc Grath & Macmillan（2000）；Boer（2000）
房地产业	Titman（1985）；William（1991，1993）；Quigg（1993）；Capozza & Li（1994）；Grenadier（1995，1996，2005）；Wang & Zhou（2006）

2. 实物期权方法的发展

基于实物期权和金融期权的相似性,早期的实物期权方法研究主要把金融期权的定价模型,稍加改造后应用到实物期权领域中,对各种实物投资决策进行分析,发现一些新的有意义的结论;之后,实物期权的独特性、不可交易性、复合性、非独占性开始进入越来越多学者的研究视野,开始分析实物期权的建模基础、实物期权的复合博弈理论。同时,实物期权研究背景也放宽至不完全市场。

值得注意的是,由于大多数实物资产是不可交易的,如果简单套用作为金融期权定价理论的核心的无套利思想,不能形成无套利的有效复制策略。因为资产的可交易性是套利机会不存在的前提。因此,补救的办法是假定市场是完全的,且能够通过一个投资组合复制所有实物资产的收益,进而通过投资组合规避风险,Cox & Ross(1976)首先通过这一方法为不可交易的衍生证券进行定价。然而,实物资产的孪生证券却不容易找到,有时不可行。Trigeorgis(1996)提出了一个替代策略,寻找与实物资产高度相关的资产代替。还有一个原理很直观,但操作方法却很繁。分解法由我国学者扈文秀等(2005)提出,其基本思想是通过对决定实物资产价值的因素层层分解,来寻找服从已知分布的不可交易资产的实物期权定价。

(1)复合期权理论

复合期权是期权的期权,是一系列权利的嵌套,适合于刻画序列决策的问题。

如对 R & D 项目、高科技项目的风险投资、企业并购策略,若前期的预定目标没达到,投资者将选择放弃下一期投资。Geske(1977,1978)启动了复合期权的研究工作,导出了两期复合欧式期权的解析解。当前复合期权理论研究主要集中于如何对简单复合期权进行扩展。

如何从二期复合期权向多期复合期权推广,这在理论上没困难,难点在于计算的复杂性会随着复合期数的增加而迅速增加,导致求不出解析解。迪克西特等(2002)的分析方法是,用动态规划方法和或有权益分析求解复合期权的偏微分方程,在一定的边界条件下可求出复合期权价值函数和执行阈值的解析解,但边界条件很难满足。Alvarez & Stenbacka(2001)基于马尔可夫泛函的格林表示,得到了复合期权通用的计算方法,可求出复合期权价值函数和最优执行策略。Lin(2002)给出了欧式多期复合期权的一般形式解,且利用近似方法求解,由于解的形式中存在嵌套的高维正态积分,求数值解计算量很大。

改进复合期权的数学模型。在简单复合期权中,仅考虑单因素情况,且假设资产价过程为几何布朗运动。在多期时,参数的敏感性会被放大,因此几何布朗运动假设需要改进。Buraschi & Dumas(2001)将布朗运动推广到了一般的扩散过程,并得到了复合期权定价公式。Geman, EI Karoui & Rochet(1995)以及Elettra & Rossella(2003)不仅将布朗运动推广到了一般的扩散过程,而且引入时变的波动率和利率两个因素,将复合期权模型扩展到多因素情形。Herath & Park(2002)在此基础上,研究多资产、多期的复合期权模型,并采用二项式方法来定价和分析。Trigeorgis(1991)提出用所谓的"对数变形的二项式数值分析方法"来定价复合期权,在数值计算方面有很好的一致性、稳定性。

当然,期权的价格也可以是随机的,这与经典的期权定价公式有很大的不同。Fischer(1978)最早研究了不确定执行价格的期权定价;在随机执行价格下的复合期权定价公式由Geske(1979)得到。

(2)期权博弈理论

期权博弈理论起源于对权证或可转债的研究,因为权证期权的执行策略会明显影响权证或期权的定价;因为权证的执行会导致企业发行新股从而影响已发行股票的价值,进而影响剩下的权证价值。期权和博弈论的结合产生了期权博弈理论。早期的实物期权忽视竞争因素或假设竞争因素是外生的,这显然不合理。因为实物期权的非独占性的特点,一家企业的收益肯定会受到其他企业的影响,这种相互影响必然会使最优投资策略发生改变。一个简单的理解是,加入竞争因素后,投资收益将下降,即:投资项目价值＝传统净现值＋实物期权价值－竞争的影响。要更深入理解这一问题需要将博弈论和实物期权方法结合起来进行相关研究。

Cournot(1838)在经典著作《财富的数学原理研究》中提出了博弈的基本思想,开启了博弈理论的研究序幕,引入了古诺均衡(Cournot Equilibrium)的概念;在此基础上,一个双人价格竞争博弈模型由 Bertrand(1883)建立;Edgeworth(1925)则进一步发展、建立了一个垄断企业定价和生产的博弈模型。这些充满原创思想的原始模型,引起主流经济学界的广泛重视。

巨大的转变开始于 Von Neumann & Morgenstern(1944)的著作《博弈论和经济行为》。在该文中,通用博弈理论的思想被提出了,作者认为博弈应加入到大部分经济议题中,并推演了博弈的标准式和扩展式,最后提出了两人零和博弈模型与合作的多人博弈模型。由此博弈理论进入主流学者的视野。另一个重要的贡献是由 Nash(1950)提出的概念——“纳什均衡(Nash Equilibrium)”。“纳什均衡”表达了这样一个理念,每个博弈参与方都是在考虑了其他参与方策略基础上的最大化反应,非零和博弈模型建立了。这个模型已成为大多数经济分析的重要理论前提之一。均衡和博弈模型的关系得到了进一步的研究。Selten(1965)提出并证明了并非所有的纳什均衡在扩展形式的博弈中都是均衡的,由此建立了“子博弈完美纳什均衡(Sub-game perfect Nash Equilibrium)”的概念,来解释依赖于不可信威胁的均衡;随后,不完全信息被纳入了纳什均衡模型,Harsanyi(1967,1968)利用一种标准博弈论技术来分析不完全信息下的博弈模型。在这个模型中,博弈参与方并不确定知道参数值,但是知道参数的可能分布,由此产生了利用贝叶斯法则选择的均衡策略,即贝叶斯－纳什均衡(Bayesian-Nash Equilibrium)。如何解释博弈双方同时是不完全信息和动态时的博弈行为,引导 Kreps & Wilson(1982)建立了序贯均衡概念,Selten(1975)则通过颤抖的手均衡概念,以子博弈完美均衡概念来解决不可信威胁问题。历经上百年的发展,现在博弈论已经进入了经济学的各个分支,成为现代经济学的主要基石之一。

期权博弈理论的经典文献可分为:竞争各方是完全对称的和竞争各方

是非完全对称的两类。期权博弈的代表性文献见表 3—4。

表 3—4　期权博弈的代表性文献

完全对称的期权博弈	
作者	模型/创新
Fundenberg & Tirole (1985)	首先研究了企业技术投资的博弈中抢先策略的影响;在确定性情况下给出了离散时间混合策略均衡限制下的连续时间表达式
Huisman & Kort (1999);Thijssen, Huisman & Kort(2004); Fundenberg & Tirole (1985)	模型拓展到随机情况
Dutta & Rustichini (1993,1995)	分析了两人随机博弈均衡;参与方可通过在连续变化的不同状态变量下做出行动决策来影响他们的收益,其特点是决策有一个固定阈值
Emanuel (1983)	分析处于充分垄断地位的权证持有者博弈策略;序贯执行而非同时执行是最优的
Constantinides (1984)	连续竞争情况下,分析权证持有者的均衡执行策略
Spatt & Sterbenz (1988)	进一步研究上一问题;结果表明了在寡头垄断市场,均衡执行策略将使权证价值大大降低,甚至可以低于完全竞争市场
Smets (1991)	首先提出了用期权博弈来研究实物领域投资问题的具体方法;利用连续时间随机停时博弈方法建立了一个双头垄断模型来分析对外直接投资问题
Smit & Ankum (1993)	运用离散的二项式期权博弈模型研究了相互竞争的企业在不确定条件下的策略性投资问题
Williams (1993)	给出了第一个实物期权框架下纳什均衡的严格推导,通过考虑已开发和未开发的房地产市场来研究最优房地产开发决策
Grenadier (1996)	正式提出随机停时博弈方法,在风险中性假设基础上利用均衡分析方法建立了一个战略期权博弈的分析框架来分析房地产投资开发,得到了马尔可夫完美纳什均衡
Kulatilaka & Perotti (1998)	研究表明在古诺垄断市场上先进入企业因为优先占有市场且能得到战略竞争优势,在高度需求不确定情况下早投资比等待能获得更多的价值

（续表）

作者	模型/创新
Perotti & Kulatilaka (1999)	考虑了企业有先发优势时的斯坦伯格（Stackelberg）增长期权
Weed(2002)	利用期权博弈理论分析了两企业竞争一项专利的最优投资策略，解释了在专利竞赛中的战略延迟现象
Garlappi(2002)	研究了当企业参与多阶段技术不确定下的专利竞赛时联合 R&D 风险对竞争的影响，R&D 竞争削弱了等待期权的价值，加速了项目的竞争，但也由于抢先竞争导致价值减少，抢先威胁产生了过早竞争从而减少了投资风险补偿
Grenadier(2002)	给出了连续时间古诺—纳什均衡框架下的一般分析方法，是期权博弈理论研究的重要成果，其核心是以 Leahy(1993) 的研究为基础论证了考虑执行期权的相互作用下的最优执行策略与假设其他期权持有者保持开发数量不变而做出的近似最优开发策略的结果是一致的，从而将复杂的不动点求解问题转化为普通的最优停时问题，其主要研究结论为：竞争将使期权等待价值显著减少，导致在零净值阈值附近执行投资决策，并可通过对需求函数作相应的轻微调整，用人工完全竞争均衡来分析纳什均衡下的执行策略
Miltersen & Schwartz (2003)	分析了当投资使产品开发时间和信息被揭示出来时 R&D 投资的最优时机问题，此模型中，竞争增加了产出，减少了价格，缩短了产品开发时间，这一分析强调了首先进行创新的优势，提供了关于优势程度是怎么影响创新激励的一种视角
Lambrecht(2004)	利用期权博弈理论分析了并购活动，企业并购期权的执行同样会受战略互动的影响，因为每个合并企业的收益最终取决于合并后对新企业的控股关系，文中提出了一个选择并构项目和时机的实物期权模型，揭示了并购的原因在于企业寻求规模经济的激励，这解释了正在涌起的企业界并购高潮现象
Grenadier(2005)	利用期权博弈理论建立了一个房地产租约的统一分析框架，在假设房地产开发商在面临不确定性需求时选择最优开发策略使其价值最大化的前提下，将房地产租约市场模拟为关于均衡房产价值的一种或有权利，确定了相应的均衡租金期限结构，进而利用租金期限结构来分析许多租金市场的均衡租金率
不对称期权博弈方法	
Huisman & Kort (1999)	首先研究了竞争环境下不对称企业的投资决策问题，结果表明，在市场需求不确定程度一定时，只要先动优势足够大，对称企业一定是抢先均衡，而非对称企业则是同时均衡，改变企业投资成本的大小不能改变博弈均衡类型

（续表）

作者	模型/创新
Pawlina & Kort（2006）	系统研究了企业投资成本差异对投资决策的影响，以及企业价值和投资成本差异的关系，均衡投资策略可分为抢先均衡、同时均衡、序贯均衡，但却没有研究各种因素对企业技术创新投资时间间隔的影响
夏晖、曾勇（2005）	综合考虑了不确定环境下成本不对称和技术创新投资时间的影响，并研究了各种因素对企业技术创新投资时间间隔的影响，结果表明，对于投资成本不对称的企业来说，创新成功所需时间和投资成本差异是影响均衡类型的主要原因，如果先动优势足够大，除个别情况外，在抢先均衡和序贯均衡中，投资成本差异对企业技术创新投资时间间隔的影响是完全相反的，抢先均衡中投资时间间隔和创新成功时间、投资成本差异成反向关系；而序贯均衡中，投资时间间隔与创新成功所需时间无关，与投资成本差异成正向关系
余冬平等（2005）	引入服从泊松分布的 R & D 成功概率分布，研究了成本不对称的 R & D 投资决策问题
Chu & Sing（2005）	通过将需求不对称引入对称双头垄断模型，分析了需求不对称情况下的房地产开发投资策略，给出了相应的子博弈纳什均衡投资策略，并用模型结果解释了房地产市场的一些实际投资现象
黄学军等（2005）	通过在双头垄断模型中引入需求系数分析了竞争作用不对称对技术创新投资的影响
Wang & Zhou（2006）	在收益和成本都是随机的情况下分析了完全垄断、双头垄断、垄断竞争、完全竞争市场的实物期权均衡执行策略的解析解，同时也分析了其中一个开发商拥有比其他开发商更大开发能力时的均衡执行策略，并得到了相应的解析解，结果表明均衡情况下大开发商将在小开发商投资开发后才做出开发决策

（3）模糊实物期权

不确定性或模糊性可以用随机过程来表示，那么很自然的模糊数学工具也可以用于不确定性的数学建模。首先用三角模糊数来描述资产价格的不确定性或模糊性，据此日本学者 Yuji Yoshida（2003）开始进行最优投资策略的研究。模糊数观点下的期望和方差被 Christer Carlsson 和 Robert Fuller（2003）引入传统的期权定价公式。同样的思想，二叉树模型中的上升概率和下降概率也可用三角模糊数来表示，由此 Torricellli（2004）推导出了模糊二叉树期权定价模型。模糊期权定价的应用研究首先在 R & D 领域，由 Juite Wang 和 WL Hwang(2005)开始,以处理在 R & D项目缺乏可靠信息的情况下的最优决策问题。Hsien-Chung Wu(2007)用模糊数理论改造了经典的 B-S 公式,得到了模糊期权值。当然,在模糊数学的框架下,推导得到的实物期权值都是模糊数,即一个区间值。

国内的理论研究也另辟蹊径,安实等(2005)基于梯形模糊数假设,推导出了欧式实物期权 B-S 定价公式。应用研究有:陈晓红(2005)建立了模糊环境下高科技中小企业估值的期权模型。侯汉坡(2005)建立了一个模糊二项式期权定价模型,以解决企业并购过程中价值评估的难题。刘华明(2005)借用了模糊数的方法分析人力资源价值。赵振武(2006)基于现金流和投资成本是梯形模糊数的假设,建立了风险投资价值评估的期权定价模型。

(4)不完全信息下的实物期权方法

上面的研究,其基本假设都是市场是完全的,这一假设并不符合事实。实际上,真实市场中的投资决策大多是在不完全信息条件下做出的。关于不完全信息下的实物期权方法的研究才刚刚起步,有关文献相对较少。市场信息的不完全可分为两种:参与者之间的信息不完全和资产价格信息不完全。

不完全信息被纳入实物期权的分析框架的研究,最早由 Grenadier(1999)开始。在文中,假定参与者可通过观察来推断其他人的私人信息从而选择行动策略,最终形成一个贝叶斯纳什均衡。研究结果表明,均衡结果是掌握信息最多的参与者首先做出行动,其他参与者依据先行者的信息依次做出决策,在绝大多数时候情况下会导致盲从行为,而这却是市场各方的理性选择结果。随后,Lambrecht & Perraudin(2003)将不完全信息和博弈两个因素同时引入实物期权的分析框架,建立了不完全信息条件下的抢先进入博弈模型,假设在专利体系下"赢者为王",企业只知道成本,虽然不知道竞争对手成本,但知道对手成本的概率分布,随着时间的推移,如果竞争对手仍未投资,则可更新企业对其对手的信息,从而做出自己的投资决策。Williams(1995)的研究进一步加入了搜寻成本因素,建立了带搜寻成本的期权博弈模型。假设市场上买卖双方进行讨价还价,如果找不到这一最优价格,则在纳什均衡上达成一致,结果表明考虑搜寻成本参与人的决策会更迅速,从而未开发资产具有较低的市场价格。Grenadier & Wang(2005)则将委托代理理论引入不完全的期权博弈框架,假设实物期权分成管理者期权和所有者期权,研究结果表明投资决策有很大的惯性,且管理者的等待期权价值大于所有者等待期权的价值。模型的应用研究有,吴建祖等(2006)建立了市场不完全 R & D 投资的期权博弈模型,表明不完全信息延缓了企业的 R & D 投资。

市场信息不完全的另外一种表现是实物资产价格本身信息的不完全。如果资产价格信息不完全,那么价格过程可以被理解为带噪声的。Childs,Ott & Riddiough(2001)提出了这一思想,并用利用最优滤波理论来处理带噪声的价格过程,并分析了结果对投资决策的影响。结果表明,噪声会减慢信息到达速度,减少实物期权价值,由此激励会决策者搜寻额外信息。之后,作者分析了噪声价格过程的最优估计问题;在分别假设资产真实价格服从几何布朗运动、噪声服从和均值回复过程后,分析了远期期权的博弈策略,并运用于一个双头垄断的房产开发投资博弈模型的噪声影响分析;作者进一步拓展了模型,加入了风险贴息因素,分析有债务的资产评估和违约执行策略,结果表明,如果以最优价格为标准,有噪声干扰时更容易违约;在另外的标准下,则有噪声时不容易违约。

(5)人工智能实物期权

1943 年,心理学家 Mc Culloch W. 和数理逻辑学家 Pitts W. 首次提出神经网络,至今其理论和实践已经获得了巨大进步。人工神经网络(ANN)是一种非线性非参数数学模型,是由神经元互相连接而成的网络,是对人脑进行抽象、简化和模拟的一种工程系统。这个模型具有学习的特性,优越性主要体现在复杂系统的建模上,广泛应用于在预测评价等方面。

神经网络的基本原理是模拟生物神经网络系统,其处理功能是由网路单元的输入输出特性、网络拓扑结构所决定的。与传统方法不同的是神经网络通过训练来解答问题。一个典型神经网络模型由输入层、隐含层和输出层三层神经元组成。相邻的两层之间的神经元通过一条带权值的弧线连接。通过神经网络求解问题,需要对其进行训练,这也称为网络学习。在训练过程中,通过每条连接权值的动态调节,使得实际输出和期望输出的误差不断减小。各变量之间的关系隐含于神经网络当中,形成一种非线性映射关系。神经网络的学习算法很多,比如反向传播算法、Hopfield 算法等。在非线性预测中最常用的是 B-P 算法。

B-S-M 模型及其衍生模型都属于参数化方法,参数化方法的不足是参数假设与真实存在差异,此差异会形成模型误差并削弱模型的适用性。例如资产价格过程服从布朗运动这一假设,已被大量研究证伪。为克服参数化方法的不足,应充分考虑金融市场的时变性、复杂性和非线性,从而更好地为期权定价。1994 年 Hutchinson J.,Lo A. 和 Poggio T. 最早将神经网络模型引入到欧式期权的定价,这种定价方法的优势在于它是自适应的,适用于各种衍生工具。这种方法不仅适用于样本内数据,而且还适用于样本外数据,通过计算结果发现神经网络比线性模型表现更出色,神经网络可以记忆和学习之前的模拟或定价过程,提高效率,也可以结合遗传算法和小波分析等技术,以及人工智能、机器学习、并行计算等前沿领域的新型技术和研究成果。

人工神经网络期权定价方法通过建立一个市场数据驱动的非线性模型,使期权定价更客观、更准确,从而提供了更科学的定价依据。不足之处有:一是神经网络模型的结构设定难,即如何合理界定神经网络的层数,每层神经元的个数,还有之间的联系,不合理的神经网络结构会导致神经网络预测及自学习产生较大偏差;二是影响期权定价的因素,相关数据还应结合统计方法,找到所有重要的影响因素,以提高神经网络模型定价的精确度。总之应结合实际,开展组合神经网络期权定价方法的深入研究。

3.5　期权与实物期权的数学模型及求解

1. 期权的数学模型及求解

期权的类型各种各样,其对应的数学形式也变化丰富,本质上却一样,都是一个偏微分方程。期权的数学模型求解的计算方法可分为：离散方法、方程方法、随机模拟方法。离散方法就是多项网格法，假设标的物的价格过程服从多项分布，其轨道随着时间推移而成为树状形，标准二叉树方法是由 Cox, Ross & Rubinstein(1979)建立的最经典的离散方法。之后，Boyle(1986)提出了三叉树方法；进一步，Boyle(1988)又提出了五叉树方法；统一的多叉树模型由 Madan, Milne & Shefrin(1989)完成；之后相关的研究是修正这些模型以适用于实物资产的特点，如非交易性。当然，更多的因素，如没有卖空限制，市场的不完全性、复合期权特征也在逐步纳入到离散模型的讨论中来。方程方法是指期权定价模型可通过随机动态最优化理论转化为带有边界条件的偏微分方程加以分析，姜礼尚(2003)系统梳理了各种形式金融期权所满足的偏微分方程。由于只有少数的偏微分方程可以求出解析解，所以，数值解法得到了迅猛发展。最常用的数值方法是有限差分格式方法，该方法将导数离散化，利用有限差分方法求解随机微分方程，之后，Courtadon(1982)对方法的推广做了一些工作。Geski & Shastri(1985)指出求解价格过程的对数变换后的差分方程能得到最为有效的期权近似解。此外，外推的有限差分方法求解多维偏微分方程的思想在期权定价中也得到了应用。随机模拟方法，也称蒙特卡罗模拟。根据风险中性原理，在风险中性测度下收益的数学期望即为期权价格。而数学期望就是均值，可通过大量样本轨道值的算术平均来近似，这就是随机模拟方法求解随机偏微分方程的基本思想。这种方法严重依赖历史数据或称路径依赖，多资产的期权定价非常有效，但计算量非常大。当然也无法讨论美式期权提前执行的问题。

2. 实物期权的数学模型及求解

从数学角度而言，实物期权的数学模型与金融期权的数学模型并无太大差别，其分析求解方法类似，问题是金融期权的数学模型适用于实物期权时需要，针对实物资产的独特特点，如实物资产的价值漏损（便利收益）等，进行调整。离散方法没有解析表达式，难于纳入市场的不完全性、竞争的不对称性等新的重要考量，所以，结合具体实物期权的特性连续方法得到了深入研究。相应的偏微分方程可通过动态规划方法、或有权益分析方法求解。

3.6　实物期权的定价方法体系

实物期权类金融衍生品提高了国际金融市场的效率和流动性,扩展了市场的广度和深度,使得风险的转移和对冲更加便捷。另一方面也给市场带来全新的风险,并增强其脆弱性。这给市场监管和投资者都带来全新的挑战和机遇。不断变化的市场投资决策需要新的实物期权不断出现,与此同时,实物期权定价越来越受到研究者的关注。这使得实物期权成为最具活力的金融衍生产品,得到了迅速的发展和广泛的应用。期权的研究从先驱巴舍利耶到 20 世纪 60 年代真正进入学者的视野,从 B-S-M 模型到神经网络等各类微分方程、动态规划和模拟,这些成果被广泛地运用于期权定价与经济和财务领域的研究。

实物期权定价方法的经济金融学基础是无套利定价原则。针对市场的不同特征,结合金融产品的特性,有关各类期权定价的理论和方法还在不断地发展,数学的理论和方法、计算机的新技术、乃至行为和心理学的研究成果都被迅速和广泛地应用到实物期权定价这个领域。基本的实物期权的定价方法体系见表 3－5。

表 3－5　实物期权的定价方法体系

实物期权定价	无套利定价法	完全市场定价法	复制定价法
			折现因子法
			鞅方法
		非完全市场定价法	近似套利定价法
			区间定价法
			效用定价法
			相关定价
	比较定价法	决策树方法	
		动态规划法	

3.7　本章小结

　　本章系统而深入地评述了实物期权定价方法体系。实物期权定价方法来源于不确定性的处理和应对。不确定性的类型决定了实物期权定价方法的适用范围。实物期权定价方法的经济金融学理论基础是：套利均衡原理，市场完全性和有效性假设，风险中性定价原理。由于实物期权的特性，实物期权发展为一个丰富的类别。在经典实物期权方法的基础上，复合期权理论、期权博弈理论、模糊实物期权以及不完全信息下的实物期权方法正在得到理论界积极的探索和研究。最后，本章介绍了期权与实物期权的数学模型及其求解方法。

第4章　房价与土地价格:一个实物期权分析框架

当代中国,对土地进行科学、准确的估值定价,意义重大。中国城乡分别实行的土地国有制和集体所有制,人为割裂了土地的实际用途,造成了城市建设用地和农用土地之间巨大的价值差异和混沌。不准确的定价、不公开的私下交易,往往造成大批基层农民的合法权益受到伤害,而地方政府官员却常常中饱私囊,与之关系紧密的开发商也能从中攫取暴利。这不但无益于资金的合理分配,也造成了社会的不稳定。其次,对土地价格有一个合理的估计,也有助于地方政府把土地推向市场。现在的土地拍卖估价往往是一个过分乐观的估计,近几年拍下地王的房企纷纷陷入困境就是一个很好的例子。这种过高的估价,会影响卖家的预期,由于过高的地价,造成土地无法成交。大批城市的土地拍卖流拍与此不无关系。本章利用实物期权分析方法,基于二维随机模型,讨论了房价、房租与土地价格之间的量化关系,土地被视为由房价和房租两个随机过程驱动的欧式期权。分析表明地价的波动率高于房价、房租的波动率;并给出了1998年以来地价增长率高于房价增长率的一个解释。在定性和定量两个层面取得较好的效果,结论对当前中国不断完善土地出让价格体系、制定科学合理的农地征用补偿标准、廉租房建设等工作具有一定的参考价值。

4.1 引言

土地是最重要的生产要素,土地市场对中国经济的重要性无论如何强调也不过分,而土地市场的核心是土地的价格决定。土地价格的决定问题是经济学中经典的问题之一。古典学派的亚当－斯密、重农学派的李嘉图和社会主义学派的马克思等一些经济学先驱都研究过土地定价问题。这些古典分析认为,土地价格是地租的折现价值。用现代金融学的语言表述,定价土地的经典方法是 NPV 方法。

已有的研究表明,这种古典的资本化地租定价土地的方法有诸多缺陷。

第一,从理论角度而言,中国的土地最终用途大多用于工程建设和房产开发,此种情形下,地租折现法很难直接应用于土地定价。土地的价值不仅体现在用于农业生产,而且也体现在土地赋予了所有者在上面建造建筑等开发的权力,这种由于投资的灵活性而产生的开发期权同样具有市场价值。传统的土地定价方法恰恰忽略了这一点。所以土地的真实价值至少应由农地价值和开发权期权的价值共同组成。即土地的价值应该和房屋的价值紧密相关。

第二,从实证角度而言,现代市场经济体系下,土地价格和农用地收入的折现随着时间的变化严重背离。不仅发达市场经济的国家数据证实了这一点,而且,自中国的经验事实也是如此。数据表明[①],中国地产价格指数从1998 年的 100,经历了一段高速增长,到 2010 年 1 季度,土地交易价格指数已高达 236.61。与此相对照,中国农业收入水平增长却相对缓慢。如图4－1,数据事实包含两条显著的经验:来自中国土地市场的一是土地价格、房屋价格和房租价格表现出大致相同的变化趋势,地价和房价几乎是同时

---

① 本书的原始数据来自中经网数据库,指数为当季同比数据,由于缺乏环比数据,书中以居民消费价格环比指数近似代替增长率计算出了以 1998 年为基期的环比数据;书中的指数为全国性的综合性指数。

上涨；二是土地价格的增长速度高于住房价格的增长速度和房租的增长速度。

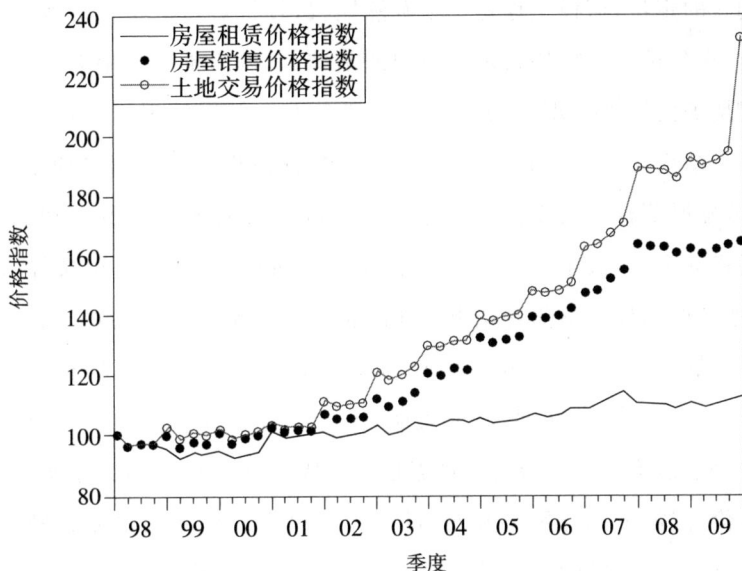

图 4－1　1998 年 1 季度至 2010 年 1 季度土地价格、住房价格和房租价格指数

（1998 年 1 季度指数＝100）

这些经验特征和含义符合实物期权方法的基本直觉。期权思想最早由 Myers（1977）引入实物投资领域，文中分析认为，管理柔性和金融期权具有许多相同点，投资机会可看作一种成长期权。从现代金融学的发展来看，作为金融、管理和数学的交叉学科，实物期权已广泛应用于主要经济、金融领域在不确定冲击下的最优决策分析。阶段性总结见 Dixit 和 Pindyck（1994）。

　　第三，从方法角度而言，传统的 NPV 方法多是静态的，忽略了在未来进行决策的可能，无法用于分析投资的各种各样的灵活性，如土地隐含的多种用途的价值对土地价格的影响。Rosentha（1999）和 Davis（2005）利用跨国数据分析认为，地价的构成中房产的占比超过一般。

　　实物期权理论是分析不确定性下的投资价值的合适的分析框架。实物期权本质就是投资灵活性的价值。那么土地投资决策中的灵活性都是什么呢？一般可以有投资时机的选择，是否转换用途的选择，等等。一系列的研究利用实物期权工具把握这些灵活的价值。Timan（1985）首先讨论了土地延迟期权的定价，假设土地是一项看涨期权，投资者可以决定开发时间和土地用途，在分析二叉树期权定价模型的基础上，认为推迟土地开发的价值随不确定增加而增加。现在的中国各地都有不少数量的闲置土地储备，他印证了这个结论。Quigg（1993）则利用实际数据检验了 Timan 的模型，研究表明，土地延迟期权价格收益率约为 6%。Capozza 和 Sick（1994）讨论了土地转换期权的定价，假定土地是一个美式看涨期权，土地用途可选择，研究发现，土地转换期权价格随着城市土地的租金增长率增加而递增，随着风险厌恶水平增加而递减。Capozza 和 Li（1994）讨论了土地等待期权的定价，假定投资者可决定投资强度，研究表明，土地等待期权将产生一个租金下限，在收益水平达不到该下限时将推迟投资。William（1997）研究了土地重复期权的定价，假定土地可重复开发，投资者可决定最优序列重复开发决策，研究表明，可重复开发的房产价值比只能开发一次的房产价值大。这个结论暗合中国城市建设的反复折腾。Capozza 和 Li（2001）研究了土地利率期权的定价，假定土地价格是对利率变化敏感的实物期权，分析了土地开发决策对利率变化的反应。研究表明，利率上升一方面会抑制投资，但另外一方面也会因土地等待期权价值的下降而加速已推迟的投资，最终的影响相抵可能会促进投资。

大多国内学者研究土地定价问题的视角是，与征地补偿问题相关的产权制度安排（黄祖辉和汪晖，2002）；计量和模型化的方法较少。王云锋和王秀清（2006）研究了土地欧式期权定价，上述假定土地仅在特定的时间开发，假设过强，降低了土地投资决策灵活性的价值；徐爽和李宏谨（2007）研究了土地美式期权的定价，假定土地仅受房产价格驱动。但上述两文本质上都是单因素模型，忽略了房租价格的波动对土地价格的冲击和影响。本书讨论了房屋价格和房租价格都是在随机的情形下，两者对土地价格的影响。其中，房租价格被视为服从均值回归过程的随机过程，这样的假设更符合实际,因为均衡时,如果价格上升,则会导致供给增加,供给增加又会迫使价格下降。本书希望借助实物期权分析方法来进一步理解中国房地产市场上的基本价格行为。

本章安排:分别考虑了开发成本固定的单因素美式期权模型和开发成本不固定的单因素美式期权模型,并进行了比较静态分析,在数值模拟的基础上给出了中国市场土地价格和期权价格的比率。

4.2 开发成本固定的单因素美式期权模型

4.2.1 模型假设

假设 1:住房交易市场是完全的。Black 和 Scholes(1973)的经典论文中提出了完全市场的概念,即要求房屋是无限可分的,没有交易成本,交易可以时间连续,信息完备。对现实而言,这是一个可以被接受的假设。从理论上讲,这是一个经典文献的标准假设;何况在现实经济世界中,由于房地产公司、炒房者、房地产股票的存在,房地产市场满足 Merton(1992)提出的无套利条件。

假设 2:存在一个无风险资产,无风险收益率为常数 r。

假设 3:假设土地的发展权为一个基于房产的永久美式看涨期权 $V(h)$。

假设 4:房产价格 h 满足

$$dh = \mu h dt + \sigma h dB_t \qquad (4.2.1)$$

其中,μ 为投资住房总的期望收益率,σ 为投资住房的收益波动率,B_t 为标准布朗过程。

假设 5:开发成本或投入 K 是固定的。

假设 6:土地价值等于确定性下的收益现值与期权价值之和,即农地价值 $L=$ 确定性下的收益价值 $M +$ 期权价值 V。

4.2.2 模型求解

期权价值 V 可以表示为

$$V(h_T) = e^{-rdt} E_T[\max V(h_{t+dt})] \tag{4.2.2}$$

利用泰勒展开式,在 t 展开 $V(h_{t+dt})$;在 0 点展开 e^{-rdt};相乘并略去二次以上项,可得

$$rV(h_T) = E_T\left[\frac{dV(h_t)}{dt}\right]$$

由假设,$dh = \mu h dt + \sigma h dB_t$,进一步有

$$dV = \dot{V}dh + \frac{\ddot{V}}{2}(dh)^2 \tag{4.2.3}$$

$$dV = \left(\mu h \dot{V} + \frac{1}{2}\sigma^2 h^2 \ddot{V}\right)dt + \mu h \dot{V}dB_t \tag{4.2.4}$$

将(4.2.4) 式代入(4.2.3)式,可得

$$\frac{1}{2}\sigma^2 h^2 \ddot{V} + \mu h \dot{V} - rV = 0$$

上一方程的通解可设为,$V = c_1 h^{\beta_1} + c_2 h^{\beta_2}$,其中 β_1, β_2 为方程的特征根。

$$\beta_{1,2} = \frac{1}{2} - \frac{\mu}{\sigma^2} \pm \sqrt{\left(\frac{1}{2} - \frac{\mu}{\sigma^2}\right)^2 + \frac{2r}{\sigma^2}}$$

c_1 和 c_2 是待定系数,由以下边界条件确定:

① $V(0) = 0$,表示初始值为 0 时,期权价值为 0;

② $V(h_T) = h_T - K$,匹配条件;

③ $\dot{V}(h_T) = 1$,平滑性条件。

由初始条件可知 $c_2 = 0$,即特征方程有两个相等的解 $\beta = \beta_{1,2}$,方程的通解可简化为

$$V = ch^{\beta}$$

由匹配条件知,$c = \dfrac{h_T - K}{h_T^{\beta}}$。

由平滑性条件知,$h_T = \dfrac{\beta}{\beta - 1} \times K$。

综上,可得土地投资的期权价值是

$$V = \begin{cases} \left(\dfrac{K}{\beta-1}\right)^{1-\beta}\left(\dfrac{h}{\beta}\right)^{\beta}, & h < h_T; \\ h - K, & h > h_T \end{cases}.$$

进一步假设,农产品市场与房地产市场都是完全竞争的,故企业利润都为 0,所以,投资 K 等于完全信息下的投资收益,$K = R/r$。

土地总收益

$$L = \frac{R}{r} + \left(\frac{R}{r(\beta-1)}\right)^{1-\beta} \left(\frac{h}{\beta}\right)^{\beta}$$

4.2.3　比较静态分析

h_T 表示是否投资的临界条件,当 $h_T = h = \dfrac{\beta}{\beta-1} \times K$ 时,期权价值最大,相应地,土地总收益最大化,为

$$L_{\max} = \frac{R}{r} + \frac{R}{r(\beta-1)} = \frac{\beta}{\beta-1} \times \frac{R}{r}$$

1.预期收益率 μ 对农地价值 $L_{\max}$ 的影响

由于,

$$\beta = \frac{1}{2} - \frac{\mu}{\sigma^2} \pm \sqrt{\left(\frac{1}{2} - \frac{\mu}{\sigma^2}\right)^2 + \frac{2r}{\sigma^2}}$$

$$\beta_\mu = -\frac{1}{\sigma^2} + \frac{\left(\frac{\mu}{\sigma^2} - \frac{1}{2}\right) \times \frac{1}{\sigma^2}}{\sqrt{\left(\frac{1}{2} - \frac{\mu}{\sigma^2}\right)^2 + \frac{2r}{\sigma^2}}} < 0$$

$$\frac{\partial L_{\max}}{\partial \mu} = \frac{-\beta_\mu}{(\beta-1)^2} \times \frac{R}{r} > 0$$

经济学意义是:土地的预期增长率越高,土地的价值越大。

2.无风险利率 r 对农地价值 $L_{\max}$ 的影响

$$\beta_r = \frac{\frac{\mu}{\sigma^2}}{\sqrt{\left(\frac{1}{2} - \frac{\mu}{\sigma^2}\right)^2 + \frac{2r}{\sigma^2}}} > 0,且 \beta-1 > 1 \rightarrow$$

$$\frac{\partial L_{\max}}{\partial r} = \frac{-\beta_r - \beta(\beta-1)}{[r(\beta-1)]^2} \times R < 0$$

经济学解释:利率导致的替代效益大于收入效应,即当期投资价值的下降超过等待期权价值的增加,土地价值和利率负相关。

3. 不确定性 σ^2 对农地价值 L_{max} 的影响

$$\beta_{\sigma^2} = \frac{\mu}{\sigma^4} - \frac{\left(\frac{\mu}{\sigma^2} - \frac{1}{2}\right) \times \frac{\mu}{\sigma^4}}{\sqrt{\left(\frac{1}{2} - \frac{\mu}{\sigma^2}\right)^2 + \frac{2r}{\sigma^2}}} - \frac{\frac{2r}{\sigma^4}}{\sqrt{\left(\frac{1}{2} - \frac{\mu}{\sigma^2}\right)^2 + \frac{2r}{\sigma^2}}}$$

不能判断 β_{σ^2} 的正负。

$$\frac{\partial L_{max}}{\partial \sigma^2} = \frac{-\beta_{\sigma^2}}{(\beta - 1)^2} \times \frac{R}{r}$$

由于上式不能判断正负,所以不能断定土地价值和波动性之间的关系。

不确定条件下,土地期权的最大值和土地价值的最大值、及期权占土地价格的比率列举如表 4—1。

表 4—1　不同参数结构下的土地价值和期权价值及其比值

μ	r	σ	β	期权价值	农地价值	期权占比
0.015	0.03		1.86	1.15	2.15	0.5361
0.02	0.05		2.31	0.76	1.76	0.4328
0.03	0.07	0.05	2.22	0.82	1.82	0.4504
0.05	0.09		1.76	1.30	2.30	0.5662
0.015	0.03		1.75	1.32	2.32	0.5706
0.02	0.05		2.15	0.86	1.86	0.4648
0.03	0.07	0.075	2.11	0.89	1.89	0.4733
0.05	0.09		1.72	1.37	2.37	0.5783
0.015	0.03		1.47	2.10	3.10	0.6781
0.02	0.05		1.75	1.32	2.32	0.5698
0.03	0.07	0.15	1.79	1.25	2.25	0.5566
0.05	0.09		1.58	1.69	2.69	0.6292
0.015	0.03		1.21	4.64	5.64	0.8229
0.02	0.05		1.36	2.71	3.71	0.7311
0.03	0.07	0.30	1.42	2.35	3.35	0.7018
0.05	0.09		1.35	2.77	3.77	0.7354

由表 4—1 可以看出:

①其他参数不变,期权的价值随着不确定性的增加而增加;

②期权价值与土地的预期增长率正相关;

③期权价值与利率负相关;

④此定价模型根据具体地方的实际,选取参数,从而决定相应的土地价格;

⑤中国市场参数的选择:无风险利率的最好代表是短期国债的收益率,一般是三个月的国债。短期无风险利率 r 参考董乐(2006)的研究结果;通过中国人民银行营业管理部于 2010 年抽样调查得到的结果,采用房年租金平均是住房价格的 6% 计算出租金率 δ;以 50 年的平均年限,按照衰退到 10% 计算出连续时间住房折旧率 d,目前中国市场的数据如下:

$r=2\%,\delta=5.83\%,d=4.61\%,\sigma=7.52\%$,计算出就全国平均水平而言,土地的期权价值大约占到土地价格的 67.73%,也就是说,现行的折现现金流方法严重低估了土地的价值。

4.3 开发成本变动的单因素美式期权模型

4.3.1 模型假设

假设 1:住房交易市场是完全的。Black 和 Scholes(1973)的经典论文中提出了完全市场的概念,即要求房屋是无限可分的,没有交易成本,交易可以时间连续,信息完备。对现实世界而言,这是一个可以被接受的假设。从理论上讲,这是一个经典文献的标准假设;何况在现实经济世界中,由于房地产公司、炒房者、房地产股票的存在,房地产市场满足 Merton(1992)提出的无套利条件。

假设 2:存在一个无风险资产,无风险收益率为常数 r。

假设 3:假设土地的发展权为一个基于房产的美式看涨期权 $V(h)$。

假设 4:房产价格 h 满足

$$dh = \mu h dt + \sigma h dB_t \qquad (4.3.1)$$

其中,μ 为投资住房总的期望收益率,σ 为投资住房的收益波动率,B_t 为标准布朗过程。

假设 5:开发成本或投入 K 是可变的。

假设 6：土地价值等于确定性下的收益现值与期权价值之和，即农地价值 $L = $ 确定性下的收益价值 $M + $ 期权价值 V。

不妨假设，确定性下的收益价值 $M = \dfrac{R}{r}$；土地投入成本 $K = \dfrac{R}{r-\mu}$ 元。

4.3.2 模型求解

期权价值 V

$$V(h_T) = e^{-rdt} E_T [\max V(h_{t+dt})] \tag{4.3.2}$$

利用泰勒展开式，在 t 展开 $V(h_{t+dt})$；在 0 点展开 e^{-rdt}；相乘并略去二次以上项，可得

$$rV(h_T) = E_T \left[\frac{dV(h_t)}{dt}\right] \tag{4.3.3}$$

由假设，$dh = \mu h\, dt + \sigma h\, dB_t$，进一步有

$$dV = \dot{V}dh + \frac{\ddot{V}}{2}(dh)^2$$

$$dV = \left(\mu h \dot{V} + \frac{1}{2}\sigma^2 h^2 \ddot{V}\right)dt + \mu h \dot{V} dB_t \tag{4.3.4}$$

将（4.3.4）式代入（4.3.3）式，可得

$$\frac{1}{2}\sigma^2 h^2 \ddot{V} + \mu h \dot{V} - rV = 0$$

上一方程的通解可设为，$V = c_1 h^{\beta_1} + c_2 h^{\beta_2}$，其中 β_1, β_2 为方程的特征根

$$\beta_{1,2} = \frac{1}{2} - \frac{\mu}{\sigma^2} \pm \sqrt{\left(\frac{1}{2} - \frac{\mu}{\sigma^2}\right)^2 + \frac{2r}{\sigma^2}}$$

c_1 和 c_2 是待定系数，由以下边界条件确定：

① $V(0) = 0$，表示初始值为 0 时，期权价值为 0；

② $V(h_T) = h_T - K$，匹配条件；

③ $\dot{V}(h_T) = 1$，平滑性条件。

由初始条件可知 $c_2 = 0$，即特征方程有两个相等的解 $\beta = \beta_{1,2}$，方程的通解可简化为

$$V = ch^{\beta}$$

由匹配条件知, $c = \dfrac{h_T - K}{h_T^{\beta}}$ 。

由平滑性条件知, $h_T = \dfrac{\beta}{\beta - 1} \times K$ 。

综上,可得土地投资的期权价值是

$$V = \begin{cases} \left(\dfrac{K}{\beta - 1}\right)^{1-\beta}\left(\dfrac{h}{\beta}\right)^{\beta}, h < h_T; \\ h - K, h > h_T \end{cases}$$

进一步假设,农产品市场与房地产市场都是完全竞争的,故企业利润都为 0,所以, $K = \dfrac{R}{r - \mu}$, $M = \dfrac{R}{r}$,进一步记 $s = \dfrac{r}{r - \mu}$,则 $K = sM = s\dfrac{R}{r}$ 。

则土地价格

$$L = \frac{R}{r} + \left(\frac{sR}{r(\beta - 1)}\right)^{1-\beta}\left(\frac{h}{\beta}\right)^{\beta}$$

4.3.3　比较静态分析

h_T 表示是否投资的临界条件,当 $h_T = h = \dfrac{\beta}{\beta - 1} \times K$ 时,期权价值最大,相应地,土地总收益最大化,为

$$L_{\max} = \frac{R}{r} + \frac{sR}{r(\beta - 1)} = \frac{\beta - 1 + s}{\beta - 1} \times \frac{R}{r} = \frac{\beta - 1 + s}{\beta - 1} \times \frac{R}{r} =$$

$$\left(1 + \frac{s}{\beta - 1}\right) \times \frac{R}{r}$$

1.预期收益率 μ 对农地价值 $L_{\max}$ 的影响

由于,

$$\beta = \frac{1}{2} - \frac{\mu}{\sigma^2} \pm \sqrt{\left(\frac{1}{2} - \frac{\mu}{\sigma^2}\right)^2 + \frac{2r}{\sigma^2}},$$

$$\beta_{\mu} = -\frac{2}{\sigma^2} + \frac{\left(\dfrac{\mu}{\sigma^2} - \dfrac{1}{2}\right) \times \dfrac{1}{\sigma^2}}{\sqrt{\left(\dfrac{1}{2} - \dfrac{\mu}{\sigma^2}\right)^2 + \dfrac{2r}{\sigma^2}}} < 0,$$

$$s = \frac{r}{r - \mu} \xrightarrow{\text{yields}}$$

$$s_r = \frac{-\mu}{(r-\mu)^2} < 0, s_\mu = \frac{r}{(r-\mu)^2} > 0,$$

$$\frac{\partial L_{\max}}{\partial \mu} = \frac{s_\mu(\beta-1) - s\beta_\mu}{(\beta-1)^2} \times \frac{R}{r},$$

$s_\mu(\beta-1) - s\beta_\mu > 0$ 显然是成立的,故可得,$\frac{\partial L_{\max}}{\partial \mu} > 0$。

经济学意义是:土地的预期增长率越高,土地的价值越大。

2. 无风险利率 r 对农地价值 $L_{\max}$ 的影响

$$\beta_r = \frac{\dfrac{1}{\sigma^2}}{\sqrt{\left(\dfrac{1}{2} - \dfrac{\mu}{\sigma^2}\right)^2 + \dfrac{2r}{\sigma^2}}} > 0, 且 \beta - 1 > 0 \rightarrow$$

$$\frac{\partial L_{\max}}{\partial r} = \frac{s_r r(\beta-1) - s\beta_r r + s(\beta-1)}{[r(\beta-1)]^2} \times R,$$

$r < 2\mu$,即 $r^2 - 2\mu r < 0$ 时,可得

$(s_r r + s)(\beta-1) - sr\beta_r < 0$,进一步有,$\frac{\partial L_{\max}}{\partial r} < 0$。

当然,$r < 2\mu$ 是比较容易满足的。

经济学解释:利率导致的替代效益大于收入效应,即当期投资价值的下降超过等待期权价值的增加,土地价值和利率负相关。

3. 不确定性 σ^2 对农地价值 $L_{\max}$ 的影响

$$\beta_{\sigma^2} = \frac{\mu}{\sigma^4} - \frac{\left(\dfrac{\mu}{\sigma^2} - \dfrac{1}{2}\right) \times \dfrac{\mu}{\sigma^4}}{\sqrt{\left(\dfrac{1}{2} - \dfrac{\mu}{\sigma^2}\right)^2 + \dfrac{2r}{\sigma^2}}} - \frac{\dfrac{2r}{\sigma^4}}{\sqrt{\left(\dfrac{1}{2} - \dfrac{\mu}{\sigma^2}\right)^2 + \dfrac{2r}{\sigma^2}}}$$

不能判断 β_{σ^2} 的正负。

$$\frac{\partial L_{\max}}{\partial \sigma^2} = \frac{-\beta_{\sigma^2}}{(\beta-1)^2} \times \frac{sR}{r}$$

由于上式不能判断正负,所以不能断定土地价值和波动性之间的关系。

不确定条件下,土地期权的最大值和土地价值的最大值、及期权占土地价格的比率见表 4—2,此时,不妨设 $R = 1$。

表 4-2　不同参数结构下的土地价值和期权价值及其比值

μ	r	σ	β	期权价值	土地价值	期权占比
0.015	0.03		1.86	110.8527	144.186	0.768817
0.02	0.05	0.05	2.31	45.44529	65.44529	0.694401
0.03	0.07		2.22	34.77752	49.06323	0.708831
0.05	0.09		1.76	44.00585	55.11696	0.798408
0.015	0.03		1.75	122.2222	155.5556	0.785714
0.02	0.05	0.075	2.15	48.98551	68.98551	0.710084
0.03	0.07		2.11	36.80824	51.09395	0.720403
0.05	0.09		1.72	45.83333	56.94444	0.804878
0.015	0.03		1.47	175.1773	208.5106	0.840136
0.02	0.05	0.15	1.75	64.44444	84.44444	0.763158
0.03	0.07		1.79	45.93128	60.217	0.762763
0.05	0.09		1.58	54.21456	65.32567	0.829912
0.015	0.03		1.21	350.7937	384.127	0.913223
0.02	0.05	0.30	1.36	112.5926	132.5926	0.849162
0.03	0.07		1.42	73.80952	88.09524	0.837838
0.05	0.09		1.35	82.53968	93.65079	0.881356

由表 4-2 可以看出:

①其他参数不变,期权的价值随着不确定性的增加而增加;

②期权价值与土地的预期增长率正相关;

③期权价值与利率负相关;

④此定价模型根据具体地方的实际,选取参数,从而决定相应的土地价格;

⑤中国市场参数的选择:无风险利率的最好代表是短期国债的收益率,一般是三个月的国债。短期无风险利率 r 参考董乐(2006)的研究结果;通过中国人民银行营业管理部于 2010 年抽样调查得到的结果,采用房年租金平均是住房价格的 6% 计算出租金率 δ;以 50 年的平均年限,按照衰退到 10% 计算出连续时间住房折旧率 d,目前中国市场的数据如下:

$r=2\%$,$\delta=5.83\%$,$d=4.61\%$,$\sigma=7.52\%$,计算出就全国平均水平而言,土地的期权价值大约占到土地价格的 74.29%,也就是说,不仅现行的折现现金流方法严重低估了土地的价值,如果考虑成本可变的话,这个比率将大幅上升。

4.4　本章小结

本章基于全国平均的数据,证实了土地开发的价值即房产的价值是地价构成的最主要部分。若开发成本固定期权占地价的比率是 67.73%,若开发成本是变动的,这一比率高达 74.29%,因此,资本化地租方法不应被用于中国未来的土地转让活动。应用期权方法,有效地反应市场的灵活性价值,完善土地定价的科学方法,确保农民在土地征用过程中获得合理的收益。

由于我国城乡二元化土地制度的差异导致土地市场割裂,土地市场缺乏公开性和竞争性,在城市和农村都存在隐形土地市场对公开土地市场的冲击、干扰,使得土地价格形成机制不合理、价格机制难以充分发挥作用。土地资产市场的特殊性,也增加了土地资产的定价难度。与金融资产相比,土地资产具有若干特殊的特征,决定了土地资产定价的特殊性。其一,土地资产作为一种实物资产,交易频率很低,流动性远远不及金融资产;其二,土地资产的交易成本很高,比如前期评估、考察,中期投标、融资,后期交割、付税,导致实际价格不够公开透明;其三,土地资产的同质性也远远不及其他的实物资产,紧邻的两块地,其价格可能由于规划用途、学区差异价格相差甚远,这一因素使得不能用期货交易市场为土地资产定价;其四,土地资产往往与利益主体拥有的其他权利存在先后关联性,如系列投资机会。在实践中,大量的土地资产依附于投资项目或计划方案;其五,土地资产一般交易时间较长,而金融资产的交易时间较短,因此,地价的波动更大;其六,地价信息的获取难度大。相比较而言,土地市场信息较分散,投资者对市场的反应是间断的,只有信息量超过一定的阈值,才会激发市场行为。具体表现为,地价的相关"准确"数据很难获取。除此之外,技术风险和市场风险,这两种不确定性对地价的影响也应被纳入地价的定价模型予以考虑。

理论分析和本章的实证结果均表明,NPV 方法不适用于当前的中国土地市场,利用实物期权分析框架分析土地价格是合理的。成本可变时,期权占比将会大幅提高,即土地的发展权收益将上升。模拟结果见表 4—3。

表 4—3　不同参数结构下成本变化对地价和期权价值及其比值的影响

μ	r	σ	β	成本可变时期权地价比	成本不变时期权地价比	比率变化
0.015	0.03		1.86	0.768817	0.5361	0.232717
0.02	0.05	0.05	2.31	0.694401	0.4328	0.261601
0.03	0.07		2.22	0.708831	0.4504	0.258431
0.05	0.09		1.76	0.798408	0.5662	0.232208
0.015	0.03		1.75	0.785714	0.5706	0.215114
0.02	0.05	0.075	2.15	0.710084	0.4648	0.245284
0.03	0.07		2.11	0.720403	0.4733	0.247103
0.05	0.09		1.72	0.804878	0.5783	0.226578
0.015	0.03		1.47	0.840136	0.6781	0.162036
0.02	0.05	0.15	1.75	0.763158	0.5698	0.193358
0.03	0.07		1.79	0.762763	0.5566	0.206163
0.05	0.09		1.58	0.829912	0.6292	0.200712
0.015	0.03		1.21	0.913223	0.8229	0.090323
0.02	0.05	0.30	1.36	0.849162	0.7311	0.118062
0.03	0.07		1.42	0.837838	0.7018	0.136038
0.05	0.09		1.35	0.881356	0.7354	0.145956

第5章 房价、房租与土地价格：一个双因素欧式实物期权分析框架

资产定价的方法可分为两类，一类是一般均衡的分析方法，或者从消费者的角度出发，识别效用函数，或者从厂商角度出发，建立生产函数。由于个体的差异性和总体把握的难度，这类分析难于进行模型分析和实证计算。另一类是建立在无套利原则上的局部均衡的方法，典型代表就是期权分析方法，实物期权分析本质上就是一种局部均衡的方法。根据市场的特征，实物期权定价方法又可分为无套利定价法和比较定价法。本章利用无套利定价方法分析地价、房价和房租之间的量化关系。

5.1 模型假设

假设1：住房交易市场是完全的。Black 和 Scholes(1973)的经典论文中提出了完全市场的概念，即要求房屋是无限可分的，没有交易成本，交易可以时间连续，信息完备。对现实世界而言，这是一个可以被接受的假设。从理论上讲，这是一个经典文献的标准假设；何况在现实经济世界中，由于房地产公司、炒房者、房地产股票的存在，房地产市场满足 Merton(1992)提出的无套利条件。

假设2：存在一个无风险资产，无风险收益率为常数 r。

假设3：房产价格服从一个扩散过程

$$\mathrm{d}h = (\mu - \delta)h\mathrm{d}t + \sigma_1 h\mathrm{d}B_1 , \tag{5.1.1}$$

其中，h 为房屋价格，μ 为投资住房总的期望收益率，δ 为房屋的租金率，σ_1 为投资住房的收益波动率，B_1 为标准布朗过程。这个假设忽略了房屋折旧对房价的影响。房价服从一个几何布朗运动，这个假定能否被接受取决于分析结果的历史数据。

假设 4：房租服从一个均值回归过程

$$\mathrm{d}\delta = k(\alpha - \delta)h\mathrm{d}t + \sigma_2 h\mathrm{d}B_2 , \tag{5.1.2}$$

其中，α 为房租的长期平均，σ_2 为房租收益的波动率，B_2 为标准的布朗运动，k 为实际房租向房租均值的回归速度。

假设 5：房产价格和房租价格的相关系数为 ρ：

$$\mathrm{d}B_1\mathrm{d}B_2 = \rho\mathrm{d}t \tag{5.1.3}$$

假设 6：土地价格是基于房产和房租的欧式期权 $L(h, \delta, T)$，其中，L 为土地价格，T 为时间。

假设 7：土地价值等于确定性下的收益现值与期权价值之和。

5.2　模型求解

考虑如下的二维随机模型

$$\mathrm{d}h = (\mu - \delta)h\mathrm{d}t + \sigma_1 h\mathrm{d}B_1 ,$$
$$\mathrm{d}\delta = k(\alpha - \delta)h\mathrm{d}t + \sigma_2 h\mathrm{d}B_2 ,$$
$$\mathrm{d}B_1\mathrm{d}B_2 = \rho\mathrm{d}t$$

令，$X = \ln h$，则有

$$\mathrm{d}X = \left(\mu - \delta - \frac{1}{2}\sigma_1^2\right)\mathrm{d}t + \sigma_1\mathrm{d}B_1$$

在等价鞅测度变换下，由无套利原理，所有的资产应有相同的收益率，即 $\mu = r$，则有

$$\mathrm{d}h = (r - \delta)h\mathrm{d}t + \sigma_1 h\mathrm{d}B_1$$

由于房租无法完全规避风险，所以加入一个风险调整系数 θ，则有

$$d\delta = [k(\alpha - \delta) - \theta]hdt + \sigma_2 hdB_2$$

同样地，

$$dB_1 dB_2 = \rho dt \tag{5.2.1}$$

局部均衡时，实物期权的价格必须满足如下的偏微分方程

$$dL(h, \delta, T) = 0,$$

$$\frac{1}{2}\delta_1^2 h^2 L_{hh} + \sigma_1 \sigma_2 \rho \, hL_{h\delta} + \frac{1}{2}\delta_2^2 h^2 L_{\delta\delta} + (r - \delta)hL_h +$$

$$[k(\alpha - \delta) - \theta]L_\delta - L_T = 0 \tag{5.2.2}$$

求解该方程可得

$$L(h, \delta, T) = h\exp\left[-\delta \frac{1 - e^{-kT}}{k} + C(T)\right],$$

其中，

$$C(T) = \left(r - \left(\alpha - \frac{\theta}{k}\right) + \frac{1}{2}\frac{\sigma_2^2}{k^2} - \frac{\sigma_1 \sigma_2}{k}\rho\right)T + \frac{1}{4}\sigma_2^2 \frac{1 - e^{-2kT}}{k^3} +$$

$$\left(k\alpha - \theta + \sigma_1 \sigma_2 \rho - \frac{\sigma_2^2}{k}\right)\frac{1 - e^{-kT}}{k^2}$$

对 $L(h, \delta, T)$ 取对数，

$$\ln L(h, \delta, T) = \ln h - \delta \frac{1 - e^{-kT}}{k} + C(T),$$

对上式两边求导得

$$\frac{dL}{L} = \frac{dh}{h} - \frac{1 - e^{kT}}{k}d\delta$$

由泰勒公式

$$1 - e^{-kT} = \left(kT - \frac{k^2 T^2}{2!}\right) + \left(\frac{k^3 T^3}{3!} - \frac{k^4 T^4}{4!}\right) + \cdots$$

则应有

$$\frac{dL}{L} \approx \frac{dh}{h} + T\left(\frac{kT}{2} - 1\right)d\delta \tag{5.2.3}$$

5.3 比较静态分析

下面基于方程(5.2.2)明确的解析解,进行比较静态分析。

1.土地价值的增长率和房屋价格的增长率近似成比例

由 (5.2.3) 式,$\dfrac{\mathrm{d}L}{L} \approx \dfrac{\mathrm{d}h}{h} + T\left(\dfrac{kT}{2} - 1\right)\mathrm{d}\delta$,若当 $T\left(\dfrac{kT}{2} - 1\right)\mathrm{d}\delta$ 的影响不

显著的时候,$\dfrac{\mathrm{d}L}{L} \approx \dfrac{\mathrm{d}h}{h}$,如图 5 − 1 所示。

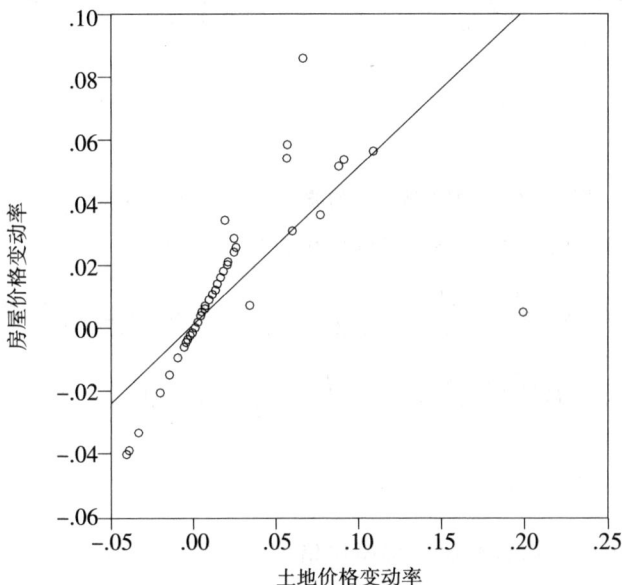

图 5−1 中国土地价格变动率和房屋价格变动率

2.土地价格的波动率一定超过房屋价格的波动率

由(5.2.3)式,$\dfrac{\mathrm{d}L}{L} \approx \dfrac{\mathrm{d}h}{h} + T\left(\dfrac{kT}{2} - 1\right)\mathrm{d}\delta$,再由(5.2.1)式,则有

$D\left(\dfrac{\mathrm{d}L}{L}\right) > D\left(\dfrac{\mathrm{d}h}{h}\right) + D\left(T\left(\dfrac{kT}{2} - 1\right)\mathrm{d}\delta\right)$,进一步有,$D\left(\dfrac{\mathrm{d}L}{L}\right) > D\left(\dfrac{\mathrm{d}h}{h}\right)$,如

图 5−2 所示。

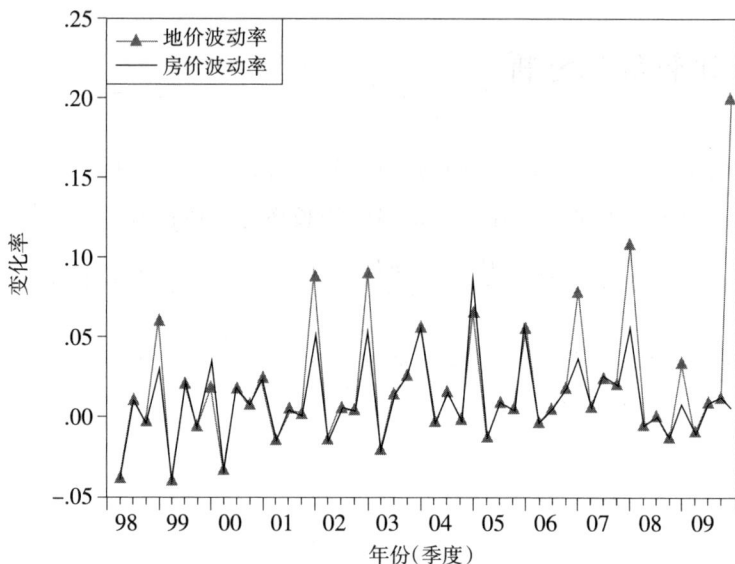

图5－2　中国土地价格的波动率和房屋价格的波动率

3.土地价格的波动率一定超过房租价格的波动率

由(5.2.3)式,$\dfrac{\mathrm{d}L}{L}\approx\dfrac{\mathrm{d}h}{h}+T\left(\dfrac{kT}{2}-1\right)\mathrm{d}\delta$,再由(5.2.1)式,则有

$$D\left(\dfrac{\mathrm{d}L}{L}\right)>\ D\left(\dfrac{\mathrm{d}h}{h}\right)+\ D\left(T\left(\dfrac{kT}{2}-1\right)\mathrm{d}\delta\right),\quad 进一步有,D\left(\dfrac{\mathrm{d}L}{L}\right)>$$

$D\left(T\left(\dfrac{kT}{2}-1\right)\mathrm{d}\delta\right)$,如图5－3所示。

4.土地价格的增长率超过房屋价格增长率的一个解释

$$\dfrac{\mathrm{d}L}{L}\approx\dfrac{\mathrm{d}h}{h}+T\left(\dfrac{kT}{2}-1\right)\mathrm{d}\delta,$$

$$\dfrac{\mathrm{d}L}{L}>\dfrac{\mathrm{d}h}{h}\leftarrow T\left(\dfrac{kT}{2}-1\right)\mathrm{d}\delta>0$$

假设$T=50$年,$k>0.02$,即房租处于上升阶段,房租对地价产生正向的影响,如图5－3,即房租处于上升阶段。土地价格指数增长率超过房屋价格指数增长率的一个解释:土地价格在一个连续的阶段内急速上涨,初始的土地价格上涨使人们产生进一步上涨的预期,从而吸引新的购买者加入,由

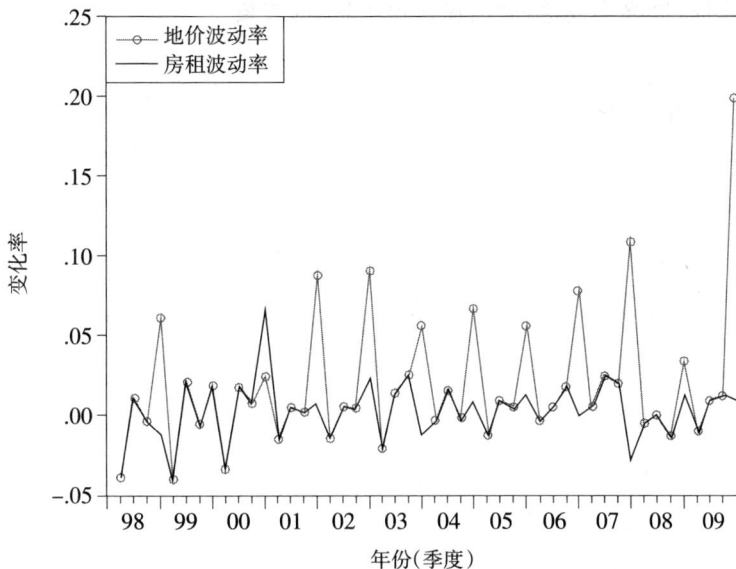

图 5—3 中国的土地价格的波动率和房租价格的波动率

此导致房价和地价轮番比着涨价,最终形成这种"面粉比馒头贵"的现象。

5.房租价格对地价的影响

$$\frac{\mathrm{d}L}{L} \approx \frac{\mathrm{d}h}{h} + T\Big(\frac{kT}{2} - 1\Big)\mathrm{d}\delta,$$

$$\frac{\mathrm{d}L}{L} > \frac{\mathrm{d}h}{h} \leftarrow T\Big(\frac{kT}{2} - 1\Big)\mathrm{d}\delta > 0,$$

若 $k > \frac{2}{T}$,假设 $T = 50$ 年,$k > 0.02$,即房租处于上升阶段,房租对地价产生正向的影响。

$$\frac{\mathrm{d}L}{L} < \frac{\mathrm{d}h}{h} \leftarrow T\Big(\frac{kT}{2} - 1\Big)\mathrm{d}\delta < 0,$$

若 $k < \frac{2}{T}$,假设 $T = 50$ 年,$k < 0.02$,即房租处于下降阶段,房租对地价产生负向的影响。

土地价格在一个连续的阶段内急速上涨,初始的土地价格上涨使人们产生进一步上涨的预期,从而吸引新的购买者加入,由此导致房租和地价轮番比着涨价,最终形成这种"面粉比馒头贵"的现象。

5.4 本章小结

1.双反馈机制

房价、房租和地价的因果关系是一个开放的问题,没有定性的结论。本书基于一个无套利均衡模型,提供了一个间接的证据,土地价格之所以大幅上涨很大程度上是因为房产价格和房租价格增加了。模型对现实数据有较好的解释。

房租和房价的反馈机制:房租涨房价涨,反之房价涨房租亦涨。

地价和房价的反馈机制:地价涨房价自然涨,因为土地是房产的重要成本;而本文提供的证据表明,房价涨,土地涨。

地价和房租的反馈机制:地价涨房租自然涨,因为土地是房产的重要成本,也是房租的重要成本;而本文提供的证据表明,房租涨,地价涨。

这样就形成了一个双反馈机制,房租和房价驱动地价上涨,反过来地价带动房租、房价上涨。由此导致房价、房租和地价轮番比着涨价,最终形成这种"地价比房价、房租贵"的现象。

2.土地财政,房价,房租,廉租房

中国不动产研究中心检测的结果显示按照房价租售比和房价收入两个标准,中国的房价都远超国际通行的合理价位。本文表明,要想控制房价,必要控制地价和房租。中国指数研究院发布的中国土地出让金年终盘点报告指出,地方的土地财政现象十分严重,个别地方土地出让金甚至占到了地方财政收入的90%左右。地方财政存在严重的"土地财政依赖症",由此导致国企的盲目低效投资、银行的宽松信贷与社会的通胀预期。要想控制地价,必要控制房价;要想控制房价,必要控制房租。按照这个思路,当前中央政府大力推进保障房建设是合理的,是可以通过控制房租达到控制房价,进而控制地价的目的的。当然,应该消除市场的投机因素。

另外一个方面,要防止地价大幅下跌,而导致地方财政危机。由于地价的主要驱动因素是房价,所以应防止房价大起大落。

这就要求调整产业结构,确立市场化和非市场化结合的房地产发展模式,明确各级政府、部门的责权利,完善土地制度和相关的配套改革,尤其是金融制度和税收分配体制,否则,中国房价和地价将无法走出这个怪圈。

本章把土地视为受房价和房租两个随机因素影响的实物期权,并得到了基于房屋价格和房租价格表示的土地价格。分析表明,土地价值的增长率和房屋价格的增长率近似成比例;土地价格的波动率一定超过房屋价格的波动率;土地价格的波动率一定超过房租价格的波动率;并给出了土地价格的增长率超过房屋价格增长率的一个解释,讨论了房租价格对地价的影响。

当前,中国政府正在加大力度建设廉租房,廉租房的建设和供给可以有效地稳定市场的房租,从而缓解土地价格上扬的压力。

局部均衡方法是指其他的因素不变,讨论两种或三种因素的均衡状态的规律,从某种意义上讲,没有一般均衡,讨论的都是局部均衡,只不过是考虑的因素多少不同罢了。但是只要能够提取出其中最主要的因素进行分析就可以把握经济系统的最主要特征和主要的规律。由数据可以发现把土地视为受房价和房租两个随机因素影响的实物期权是科学合理的。当然,一个实物期权价值不仅取决于自身特点,如执行价、到期日,还与其他期权有关。因此与金融期权相比实物期权形式和内容将更为复杂。充分理解实物期权定价模型的基本假设和真实市场的同于不同,可以使我们正确、合理地应用实物期权分析框架进行决策。

本章的研究尚存在几个不足和进一步研究的方向。

第一,本章视土地为一个时间固定的欧式期权,忽视了土地转让过程中的时限灵活性。如果土地是一个美式期权则其价值会高于欧式期权的价值,即土地的期权价值是住房价格的指数大于 1 的非线性函数。由于欧式期权有明确的解析解,易于进行比较静态分析。所以本章讨论把土地价格理解为受房屋价格和房租价格驱动的欧式期权。如果是地价是房屋价格和地价的美式期权,则投资选择应有更大的灵活性,美式期权的价格会高于欧式期权的价格。此时,房价和房租的不确定性会对地价产生更大的冲击。值得进一步讨论。

第二,房价服从几何布朗运动的假定可以进一步精细化,因为房价不可能以相同的速度一直上涨。此时假设房价亦服从均值回归过程更为恰当。

第三,文中假设隐含了土地开发成本固定这一假设,而在真实的经济世界中,价格可能是刚性的,开发成本会随着时间变动。

第6章 房价硬着陆对土地价格的冲击分析

地价可以看成是房屋价格驱动的期权。这种定价较科学地反映了土地的价值。当前的房地产调控对房价有较大的冲击,此时地价会有怎样的反映,本章利用带跳扩散过程的美式期权来分析这种冲击对地价的影响。

6.1 引言

期权定价作为是金融数学研究的核心内容之一,始于 1973 年 Black F. 和 Scholes M. 的开创性研究。在假设市场完备和股票价格服从几何 Brown 运动等条件下,利用无套利分析方法建立了偏微分方程,通过求解偏微分方程推导出了著名的 Black-Scholes 期权定价公式,为期权定价理论奠定了坚实的理论基础。但是,许多金融资产收益的实际数据分布曲线表现出明显的偏斜性和肥胖现象,不满足正态性假设。这与传统的 Black-Scholes 模型中资产价格服从几何 Brown 运动的表现有较大偏差,这种偏差自然会影响期权定价的准确性。为了更真实地研究客观的经济世界,1976 年 Merton 引入跳跃扩散过程,来刻画在实际中股票价格受到一些重大信息(如突发战争、严重自然灾害、人为投机)的影响而发生的不连续变动。其中的数学模型,用 Brown 运动刻画扩散过程,表示股票价格的连续波动,用 Poisson 过程表示跳跃现象。

6.2　开发成本固定时的冲击反应模型

6.2.1　模型假设

假设 1：住房交易市场是完全的。Black 和 Scholes(1973)的经典论文提出了完全市场的概念，即要求房屋是无限可分的，没有交易成本，交易时间可以是连续的，信息是完备的。对现实世界而言，这是一个可以被接受的假设。从理论上讲，这是一个经典文献的标准假设；何况在现实经济世界中，由于房地产公司、炒房者、房地产股票的存在，房地产市场满足 Merton (1992)提出的无套利条件。

假设 2：存在一个无风险资产，无风险收益率为常数 r。

假设 3：房产价格服从一个跳扩散过程

$$\frac{\mathrm{d}h(t)}{h(t)} = \mu(h,t)\mathrm{d}t + \sigma(h,t)\mathrm{d}B(t) + J(h,t)\mathrm{d}q(t),$$

其中，h 为房屋价格，μ 为投资住房总的期望收益率，σ 为投资住房的收益波动率，$B(t)$ 为标准布朗过程，$J(h,t)$ 表示跳跃的高度，$q(t)$ 表示跳跃的次数，服从泊松分布。

假设 4：土地是基于房产的美式期权，表示为 $V(h)$。

假设 5：开发成本是固定的。

假设 6：土地价值等于确定性下的收益现值与期权价值之和。

6.2.2　模型求解

若设房屋价格满足跳扩散过程

$$\frac{\mathrm{d}h(t)}{h(t)} = \mu(h,t)\mathrm{d}t + \sigma(h,t)\mathrm{d}B(t) + J(h,t)\mathrm{d}q(t),$$

其中，若 $J(h,t)$ 为常数 J，则由跳扩散过程的伊藤公式，

$$\mathrm{d}V(h,t) = \left[V_t + V_h(h,t)\mu h + \frac{1}{2}V_{hh}\sigma^2 h^2 + \lambda h(V(h+J,t) - V(h,t))\right]\mathrm{d}t + V_h\sigma h\,\mathrm{d}B(t)$$

构造一个投资组合：购买一单位土地，卖空一单位房子，

$$\pi = V - \Delta h$$

由无套利条件：所有无风险资产都有相同的收益率，无风险利率。

$$\mathrm{d}\pi = r\pi \mathrm{d}t$$

$$\mathrm{d}(V - \Delta h) = r(V - \Delta h)\mathrm{d}t$$

选择权重值，消去随机项得

$$\mathrm{d}V - \Delta \mathrm{d}h = r(V - \Delta h)\mathrm{d}t$$

设上式中随机项系数为零，即该组合为无风险投资组合，土地价格的风险完全被房屋交易对冲掉了，即等号左边求出 Δ，右边进入套利条件。

代入解出 Δ 得

$$\Delta = V_h$$

$$\mathrm{d}V(h,t) = \Big[V_t + V_h(h,t)\mu h + \frac{1}{2}V_{hh}\sigma^2 h^2 + \lambda h(V(h+J,t) -$$

$$V(h,t))\Big]\mathrm{d}t + V_h \sigma h \,\mathrm{d}B(t)$$

$$V_t = 0$$

$$\frac{\mathrm{d}h(t)}{h(t)} = \mu(h,t)\mathrm{d}t + \sigma(h,t)\mathrm{d}B(t) + J(h,t)\mathrm{d}q(t)$$

$$\Delta = V_h$$

则可得

$$\mathrm{d}V - \Delta \mathrm{d}h = \frac{1}{2}V_{hh}\sigma^2 h^2 \mathrm{d}t + \lambda h(V(h+J,t) - V(h,t))\mathrm{d}t - hJ(h,t)\mathrm{d}q(t)$$

$$= \frac{1}{2}V_{hh}\sigma^2 h^2 \mathrm{d}t + \lambda h(V(h+J,t) - V(h,t))\mathrm{d}t - hJ\lambda \mathrm{d}t$$

由中值定理，近似地有

$$\mathrm{d}V - \Delta \mathrm{d}h = \frac{1}{2}V_{hh}\sigma^2 h^2 \mathrm{d}t + \lambda h J V_h \mathrm{d}t - hJ\lambda \mathrm{d}t$$

$$r(V - V_h h)\mathrm{d}t = c\mathrm{d}t - V_h h(\delta - d)\mathrm{d}t + \mathrm{d}V - \Delta \mathrm{d}h$$

土地价格应该满足如下的二阶常微分方程

$$r(V - V_h h) = c - V_h h(\delta - d) + \frac{1}{2}V_{hh}\sigma^2 h^2 + \lambda h J V_h - \lambda h J,$$

$$\frac{1}{2}V_{hh}\sigma^2 h^2 + V_h h(r-(\delta-d)+\lambda J)+c-rV-\lambda hJ = 0,$$

这是一个变系数的二阶常微分方程。

$$\frac{1}{2}V_{hh}\sigma^2 h^2 + V_h h(r-(\delta-d)+\lambda J)-rV = \lambda hJ - c,$$

上式对应的齐次方程为

$$\frac{1}{2}V_{hh}\sigma^2 h^2 + V_h h(r-(\delta-d)+\lambda J)-rV = 0,$$

这是一个二阶的齐次方程。

令 $V = h^\beta$,

$$\frac{1}{2}\sigma^2\beta(\beta-1)h^\beta + \beta(r-(\delta-d)+\lambda J)h^\beta - rh^\beta = 0,$$

上式的特征方程为

$$\frac{1}{2}\sigma^2\beta^2 + \left(r-(\delta-d)+\lambda J - \frac{1}{2}\sigma^2\right)\beta - r = 0$$

$$\beta_{1,2} = \frac{1}{2} - \frac{\mu}{\sigma^2} \pm \sqrt{\left(\frac{1}{2}-\frac{\mu}{\sigma^2}\right)^2 + \frac{2r}{\sigma^2}}$$

$$\mu = r-(\delta-d)+\lambda J$$

其中 β_1, β_2 为方程的特征根,方程通解可设为,$V = c_1 h^{\beta_2} + c_2 h^{\beta_2}$,其中 c_1 和 c_2 是待定系数,由以下边界条件确定:

① $V(0) = 0$,表示初始值为 0 时,期权价值为 0;

② $V(h_T) = h_T - K$,匹配条件;

③ $\dot{V}(h_T) = 1$,平滑性条件。

因为方程解不能为负,由初始条件可知 $c_2 = 0$,即特征方程有两个相等的解 $\beta = \beta_{1,2}$,方程的通解可简化为:$V = ch^\beta$,由匹配条件知,

$$c = \frac{h_T - K}{h_T^\beta}$$

由平滑性条件知,$h_T = \dfrac{\beta}{\beta-1} \times K$。

综上,可得土地投资的期权价值是

$$V = \begin{cases} \left(\dfrac{K}{\beta - 1}\right)^{1-\beta}\left(\dfrac{h}{\beta}\right)^{\beta}, h < h_T; \\ h - K, h > h_T \end{cases}$$

进一步假设,农产品市场与房地产市场都是完全竞争的,则企业利润都为 0,所以,投资 K 等于完全信息下的投资收益,$K = R/r$。

土地价值为

$$L = \frac{R}{r} + \left(\frac{R}{r(\beta - 1)}\right)^{1-\beta}\left(\frac{h}{\beta}\right)^{\beta}$$

6.2.3　比较静态分析

h_T 表示是否投资的临界条件,当 $h_T = h = \dfrac{\beta}{\beta - 1} \times K$ 时,期权价值最大。

相应地,土地总收益最大化为

$$L_{\max} = \frac{R}{r} + \frac{R}{r(\beta - 1)} = \frac{\beta}{\beta - 1} \times \frac{R}{r}$$

1.预期收益率 μ 对农地价值 $L_{\max}$ 的影响

由于

$$\beta = \frac{1}{2} - \frac{\mu}{\sigma^2} \pm \sqrt{\left(\frac{1}{2} - \frac{\mu}{\sigma^2}\right)^2 + \frac{2r}{\sigma^2}}$$

$$\beta_\mu = -\frac{1}{\sigma^2} + \frac{\left(\dfrac{\mu}{\sigma^2} - \dfrac{1}{2}\right) \times \dfrac{1}{\sigma^2}}{\sqrt{\left(\dfrac{1}{2} - \dfrac{\mu}{\sigma^2}\right)^2 + \dfrac{2r}{\sigma^2}}} < 0$$

$$\frac{\partial L_{\max}}{\partial \mu} = \frac{-\beta_\mu}{(\beta - 1)^2} \times \frac{R}{r} > 0$$

经济学意义是:土地的预期增长率越高,土地的价值越大。

2.跳跃高度 J 对期权价值的影响

$$\beta = \frac{1}{2} - \frac{\mu}{\sigma^2} \pm \sqrt{\left(\frac{1}{2} - \frac{\mu}{\sigma^2}\right)^2 + \frac{2r}{\sigma^2}}$$

$$\mu = r - (\delta - d) + \lambda J$$

$$\beta_\mu = -\frac{1}{\sigma^2} + \frac{\left(\frac{\mu}{\sigma^2} - \frac{1}{2}\right) \times \frac{1}{\sigma^2}}{\sqrt{\left(\frac{1}{2} - \frac{\mu}{\sigma^2}\right)^2 + \frac{2r}{\sigma^2}}} < 0$$

$$\frac{\partial L_{\max}}{\partial J} = \frac{-\beta_\mu}{(\beta-1)^2} \times \frac{R}{r} > 0, J > 0,$$

$$\frac{\partial L_{\max}}{\partial J} = \frac{-\beta_\mu}{(\beta-1)^2} \times \frac{R}{r} < 0, J < 0$$

经济学意义是：房产价格的正向冲击高度越高，土地的预期增长率越高，土地的价值越大；房产价格的负向冲击高度越高，土地的预期增长率越低，土地的价值越小。

3. 跳跃次数 λ 对期权价值的影响

$$\beta = \frac{1}{2} - \frac{\mu}{\sigma^2} \pm \sqrt{\left(\frac{1}{2} - \frac{\mu}{\sigma^2}\right)^2 + \frac{2r}{\sigma^2}},$$

$$\mu = r - (\delta - d) + \lambda J,$$

$$\beta_\mu = -\frac{1}{\sigma^2} + \frac{\left(\frac{\mu}{\sigma^2} - \frac{1}{2}\right) \times \frac{1}{\sigma^2}}{\sqrt{\left(\frac{1}{2} - \frac{\mu}{\sigma^2}\right)^2 + \frac{2r}{\sigma^2}}} < 0,$$

$$\frac{\partial L_{\max}}{\partial \lambda} = \frac{-\beta_\mu}{(\beta-1)^2} \times \frac{R}{r} > 0, J > 0,$$

$$\frac{\partial L_{\max}}{\partial \lambda} = \frac{-\beta_\mu}{(\beta-1)^2} \times \frac{R}{r} < 0, J < 0$$

经济学意义是：房产价格的正向冲击次数越多，土地的预期增长率越高，土地的价值越大；房产价格的负向冲击次数越多，土地的预期增长率越低，土地的价值越小。

4. 无风险利率 r 对农地价值 $L_{\max}$ 的影响

$$\beta_r = \frac{\frac{1}{\sigma^2}}{\sqrt{\left(\frac{1}{2} - \frac{\mu}{\sigma^2}\right)^2 + \frac{2r}{\sigma^2}}} > 0, 且 \beta - 1 > 0 \rightarrow$$

$$\frac{\partial L_{\max}}{\partial r} = \frac{-\beta_r - \beta(\beta-1)}{[r(\beta-1)]^2} \times R < 0$$

经济学解释:利率导致的替代效益大于收入效应,即当期投资价值的下降超过等待期权价值的增加,土地价值和利率负相关。

5. 不确定性 σ^2 对农地价值 $L_{\max}$ 的影响

$$\beta_{\sigma^2} = \frac{\mu}{\sigma^4} - \frac{\left(\frac{\mu}{\sigma^2} - \frac{1}{2}\right) \times \frac{\mu}{\sigma^4}}{\sqrt{\left(\frac{1}{2} - \frac{\mu}{\sigma^1}\right)^2 + \frac{2r}{\sigma^2}}} - \frac{\frac{2r}{\sigma^4}}{\sqrt{\left(\frac{1}{2} - \frac{\mu}{\sigma^2}\right)^2 + \frac{2r}{\sigma^2}}}$$

不能判断 β_{σ^2} 的正负。

$$\frac{\partial L_{\max}}{\partial \sigma^2} = \frac{-\beta_{\sigma^2}}{(\beta-1)^2} \times \frac{R}{r},$$

由于上式不能判断正负,所以不能断定土地价值和波动性之间的关系。

中国市场参数的选择见表6—1。

表6—1　不同参数结构下的土地价值和期权价值及其比值

μ	r	σ	λJ	β	期权价值	农地价值	期权占比
0.015	0.04		0.01	2.38	0.71	1.71	0.4184
0.02	0.06		0.01	2.71	0.58	1.58	0.3690
0.03	0.08	0.05	0.01	2.50	0.66	1.66	0.3986
0.05	0.10		0.01	1.95	1.04	2.04	0.5119
0.015	0.04		0.01	2.18	0.84	1.84	0.4582
0.02	0.06		0.01	2.48	0.67	1.67	0.4028
0.03	0.08	0.075	0.01	3.09	0.47	1.47	0.3235
0.05	0.10		0.01	3.64	0.37	1.37	0.2744
0.015	0.04		0.01	1.72	1.37	2.37	0.5793
0.02	0.06		0.01	1.95	1.04	2.04	0.5120
0.03	0.08	0.15	0.01	2.30	0.76	1.76	0.4337
0.05	0.10		0.01	2.61	0.61	1.61	0.3820
0.015	0.04		0.01	1.33	3.00	4.00	0.7500
0.02	0.06		0.01	1.53	1.86	2.86	0.6514
0.03	0.08	0.30	0.01	1.70	1.41	2.41	0.5856
0.05	0.10		0.01	1.86	1.16	2.16	0.5374

由表6-1可以看出：

①其他参数不变，期权的价值随着不确定性的增加而增加；

②期权价值与土地的预期增长率正相关；

③期权价值与利率负相关；

④此定价模型根据具体地方的实际，选取参数，从而决定相应的土地价格；

⑤中国市场参数的选择：无风险利率的最好代表是短期国债的收益率，一般是三个月的国债。短期无风险利率 r 参考董乐（2006）的研究结果；通过中国人民银行营业管理部于2010年抽样调查得到的结果，采用房年租金平均是住房价格的6%计算出租金率 δ；以50年的平均年限，按照衰退到10%计算出连续时间住房折旧率 d，目前中国市场的数据如下：

$r=2\%$，$\delta=5.83\%$，$d=4.61\%$，$\sigma=7.52\%$，计算出就全国平均水平而言，若有 $\lambda J=0.001$ 单位的冲击，正向冲击期权和地价的值上升0.1462，负向冲击期权和地价的值下降0.1238，正向冲击的效果大于负向冲击的效果，即金融市场人们的常见心理买涨不买跌，正向冲击结果是负向冲击结果的1.18倍。对期权与地价的比率来讲，正向冲击的效果大于负向冲击的效果，正向冲击结果是负向的冲击结果的7.91倍。

在表6-2中，

期权占比冲击影响＝（前期权占比－冲击后的期权占比）÷前期权占比

由表6-2可以看出：房产价格的正向冲击高度越高，土地的预期增长率越高，土地的价值越大；房产价格的负向冲击高度越高，土地的预期增长率越低，土地的价值越小；此模型可根据具体地方的实际，选取参数，从而决定相应的土地价格。

表 6-2　房价冲击对土地价值、期权价值及其比值的影响

μ	r	σ	λJ	冲击对期权价值的影响	冲击对土地价值的影响	冲击对期权价值的影响比率	冲击对土地价值的影响比率	期权占比冲击影响
0.015	0.04		0.01	0.44	0.44	0.382609	0.204651	0.219549
0.02	0.06	0.050	0.01	0.18	0.18	0.236842	0.102273	0.147412
0.03	0.08		0.01	0.16	0.16	0.195122	0.087912	0.115009
0.05	0.10		0.01	0.26	0.26	0.200000	0.113043	0.095903
0.015	0.04		0.01	0.48	0.48	0.363636	0.206897	0.196986
0.02	0.06	0.075	0.01	0.19	0.19	0.22093	0.102151	0.133391
0.03	0.08		0.01	0.42	0.42	0.471910	0.222222	0.316501
0.05	0.10		0.01	1.00	1.00	0.729927	0.421941	0.525506
0.015	0.04		0.01	0.73	0.73	0.347619	0.235484	0.145701
0.02	0.06	0.150	0.01	0.28	0.28	0.212121	0.120690	0.101439
0.03	0.08		0.01	0.49	0.49	0.392000	0.217778	0.220805
0.05	0.10		0.01	1.08	1.08	0.639053	0.401487	0.392880
0.015	0.04		0.01	1.64	1.64	0.353448	0.29078	0.088589
0.02	0.06	0.300	0.01	0.85	0.85	0.313653	0.229111	0.109014
0.03	0.08		0.01	0.94	0.94	0.400000	0.280597	0.165574
0.05	0.10		0.01	1.61	1.61	0.581227	0.427056	0.269241

6.3　开发成本变动时的冲击反应模型

6.3.1　模型假设

假设 1:住房交易市场是完全的。Black 和 Scholes(1973)的经典论文提出了完全市场的概念,即要求房屋是无限可分的,没有交易成本,交易可以时间连续,信息完备。对现实世界而言,这是一个可以被接受的假设。从理论上讲,这是一个经典文献的标准假设;在现实经济世界中,由于房地产公司、炒房者、房地产股票的存在,房地产市场满足 Merton(1992)提出的无套

利条件。

假设 2：存在一个无风险资产，无风险收益率为常数 r。

假设 3：房产价格服从一个跳扩散过程

$$\frac{\mathrm{d}h(t)}{h(t)} = \mu(h,t)\mathrm{d}t + \sigma(h,t)\mathrm{d}B(t) + J(h,t)\mathrm{d}q(t),$$

其中，h 为房屋价格，μ 为投资住房总的期望收益率，σ 为投资住房的收益波动率，$B(t)$ 为标准布朗过程，$J(h,t)$ 表示跳跃的高度，$q(t)$ 表示跳跃的次数，服从泊松分布。

假设 4：土地是基于房产的美式期权，表示为 $V(h)$。

假设 5：开发成本是可变的。

假设 6：土地价值等于确定性下的收益现值与期权价值之和。

6.3.2　模型求解

由假设，房屋价格满足跳扩散过程

$$\frac{\mathrm{d}h(t)}{h(t)} = \mu(h,t)\mathrm{d}t + \sigma(h,t)\mathrm{d}B(t) + J(h,t)\mathrm{d}q(t),$$

则由服从跳扩散过程的伊藤公式，

$$\mathrm{d}V(h,t) = \left[V_t + V_h(h,t)\mu h + \frac{1}{2}V_{hh}\sigma^2 h^2 + \right.$$

$$\left. \lambda h(V(h+J,t) - V(h,t))\right]\mathrm{d}t +$$

$$V_h \sigma h\,\mathrm{d}B(t)$$

构造一个投资组合：购买一单位土地，卖空一单位房子

$$\pi = V\Delta h$$

由无套利条件：所有无风险资产都有相同的收益率，无风险利率。

$$\mathrm{d}\pi = r\pi\mathrm{d}t,$$

$$\mathrm{d}(V - \Delta h) = r(V - \Delta h)\mathrm{d}t$$

选择权重值，消去随机项得

$$\mathrm{d}V - \Delta \mathrm{d}h = r(V - \Delta h)\mathrm{d}t$$

设上式中随机项系数为零，即该组合为无风险投资组合，土地价格的风

险完全被房屋交易对冲掉了,即等号左边求出 Δ ,右边进入套利条件。

代入解出 Δ

$$\Delta = V_h$$

该投资组合收益的表达式为:

$$dV(h,t) = \left[V_t + V_h(h,t)\mu h + \frac{1}{2}V_{hh}\sigma^2 h^2 + \right.$$

$$\lambda h(V(h+J,t) - V(h,t))]dt +$$

$$V_h \sigma h\, dB(t)$$

$$V_t = 0$$

$$\frac{dh(t)}{h(t)} = \mu(h,t)dt + \sigma(h,t)dB(t) + J(h,t)dq(t)$$

$$\Delta = V_h$$

则可得

$$dV - \Delta dh = \frac{1}{2}V_{hh}\sigma^2 h^2 dt + \lambda h(V(h+J,t) - V(h,t))dt - hJ(h,t)dq(t)$$

$$= \frac{1}{2}V_{hh}\sigma^2 h^2 dt + \lambda h(V(h+J,t) - V(h,t))dt - hJ\lambda dt$$

由中值定理,近似地有

$$dV - \Delta h = \frac{1}{2}V_{hh}\sigma^2 h^2 dt + \lambda h J V_h dt - hJ\lambda dt$$

$$r(V - V_h h)dt = cdt - V_h h(\delta - d)dt + dV - \Delta dh$$

土地期权价格应该满足如下的二阶常微分方程

$$r(V - V_h h) = c - V_h h(\delta - d) + \frac{1}{2}V_{hh}\sigma^2 h^2 + \lambda h J V_h - \lambda h J,$$

$$\frac{1}{2}V_{hh}\sigma^2 h^2 + V_h h(r - (\delta - d) + \lambda J) + c - rV - \lambda h J = 0,$$

这是一个变系数的二阶常微分方程。

$$\frac{1}{2}V_{hh}\sigma^2 h^2 + V_h h(r - (\delta - d) + \lambda J) - rV = \lambda h J - c,$$

上式对应的齐次方程为

$$\frac{1}{2}V_{hh}\sigma^2h^2 + V_h h(r-(\delta-d)+\lambda J) - rV = 0,$$

这是一个二阶的齐次欧拉方程。

令 $V = h^\beta$,

$$\frac{1}{2}\sigma^\beta(\beta-1)h^\beta + \beta(r-(\delta-d)+\lambda J)h^\beta - rh^\beta = 0,$$

其特征方程为

$$\frac{1}{2}\sigma^2\beta^2 + \left(r-(\sigma-d)+\lambda J - \frac{1}{2}\sigma^2\right)\beta - r = 0$$

$$\beta_{1,2} = \frac{1}{2} - \frac{\mu}{\sigma^2} \pm \sqrt{\left(\frac{1}{2}-\frac{\mu}{\sigma^2}\right)^2 + \frac{2r}{\sigma^2}}$$

$$\mu = r-(\delta-d)+\lambda J$$

其中 β_1,β_2 为方程的特征根,方程通解可设为,$V = c_1 h^{\beta_1} + c_2 h^{\beta_2}$,其中 c_1 和 c_2 是待定系数,由以下边界条件确定:

① $V(0) = 0$,表示初始值为 0 时,期权价值为 0;

② $V(h_T) = h_T - K$,匹配条件;

③ $\dot{V}(h_T) = 1$,平滑性条件。

因为方程解不能为负,由初始条件可知 $c_2 = 0$,即特征方程有两个相等的解 $\beta = \beta_{1,2}$,方程的通解可简化为

$$V = ch^\beta,$$

由匹配条件知,$c = \dfrac{h_T - K}{h_T^\beta}$。

由平滑性条件知,$h_T = \dfrac{\beta}{\beta-1} \times K$。

综上,可得土地投资的期权价值是

$$V = \begin{cases} \left(\dfrac{K}{\beta-1}\right)^{1-\beta}\left(\dfrac{h}{\beta}\right)^\beta, & h < h_T; \\ h-K, & h > h_T \end{cases}$$

进一步假设,农产品市场与房地产市场都是完全竞争的,故企业利润都

为 0,所以, $M = \dfrac{R}{r}$, $K = \dfrac{R}{r-\mu}$。进一步记 $s = \dfrac{r}{r-\mu}$,则 $K = sM = s\dfrac{R}{r}$,

则土地价格或土地收益

$$L = \frac{R}{r} + \left(\frac{sR}{r(\beta-1)}\right)^{1-\beta}\left(\frac{h}{\beta}\right)^{\beta}$$

6.3.4　比较静态分析

h_T 表示是否投资的临界条件,当 $h_T = h = \dfrac{\beta}{\beta-1} \times K$ 时,期权价值最大,

相应地,土地总收益最大化,为

$$L_{\max} = \frac{R}{r} + \frac{sR}{r(\beta-1)} = \frac{\beta-1+s}{\beta-1} \times \frac{R}{r}$$

$$= \frac{\beta-1+s}{\beta-1} \times \frac{R}{r} = \left(1 + \frac{s}{\beta-1}\right) \times \frac{R}{r}$$

1.预期收益率 μ 对土地价值 $L_{\max}$ 的影响

由于,

$$\beta = \frac{1}{2} - \frac{\mu}{\sigma^2} \pm \sqrt{\left(\frac{1}{2} - \frac{\mu}{\sigma^2}\right)^2 + \frac{2r}{\sigma^2}}$$

$$\beta_\mu = -\frac{1}{\sigma^2} + \frac{\left(\frac{\mu}{\sigma^2} - \frac{1}{2}\right) \times \frac{1}{\sigma^2}}{\sqrt{\left(\frac{1}{2} - \frac{\mu}{\sigma^2}\right)^2 + \frac{2r}{\sigma^2}}} < 0$$

$$s = \frac{r}{r-\mu} \xrightarrow{\text{yields}}$$

$$s_r = \frac{-\mu}{(r-\mu)^2} < 0, s_\mu = \frac{r}{(r-\mu)^2} > 0$$

$$\frac{\partial L_{\max}}{\partial \mu} = \frac{s_\mu(\beta-1) - s\beta_\mu}{(\beta-1)^2} \times \frac{R}{r}$$

$s_\mu(\beta-1) - s\beta_\mu > 0$ 显然是成立的,故,$\dfrac{\partial L_{\max}}{\partial \mu} > 0$。

经济学意义是:土地的预期增长率越高,土地的价值越大。

2.跳跃高度 J 对土地价值的影响

$$\beta = \frac{1}{2} - \frac{\mu}{\sigma^2} \pm \sqrt{\left(\frac{1}{2} - \frac{\mu}{\sigma^2}\right)^2 + \frac{2r}{\sigma^2}},$$

$$\beta_\mu = -\frac{1}{\sigma^2} + \frac{\left(\frac{\mu}{\sigma^2} - \frac{1}{2}\right) \times \frac{1}{\sigma^2}}{\sqrt{\left(\frac{1}{2} - \frac{\mu}{\sigma^2}\right)^2 + \frac{2r}{\sigma^2}}} < 0,$$

$$s = \frac{r}{r-\mu} \xrightarrow{\text{yields}}$$

$$s_r = \frac{-\mu}{(r-\mu)^2} < 0, s_\mu = \frac{r}{(r-\mu)^2} > 0,$$

$$\frac{\partial L_{\max}}{\partial \mu} = \frac{s_\mu(\beta-1) - s\beta_\mu}{(\beta-1)^2} \times \frac{R}{r}$$

$s_\mu(\beta-1) - s\beta_\mu > 0$ 显然是成立的,故,$\dfrac{\partial L_{\max}}{\partial \mu} > 0$。

$$\frac{\partial L_{\max}}{\partial J} > 0, J > 0,$$

$$\frac{\partial L_{\max}}{\partial J} < 0, J < 0$$

经济学意义是:房产价格的正向冲击高度越高,土地的预期增长率越高,土地的价值越大;房产价格的负向冲击高度越高,土地的预期增长率越低,土地的价值越小。

3.跳跃次数 λ 对土地价值的影响

$$\beta = \frac{1}{2} - \frac{\mu}{\sigma^2} \pm \sqrt{\left(\frac{1}{2} - \frac{\mu}{\sigma^2}\right)^2 + \frac{2r}{\sigma^2}},$$

$$\mu = r - (\delta - d) + \lambda J,$$

$$\beta_\mu = -\frac{1}{\sigma^2} + \frac{\left(\frac{\mu}{\sigma^2} - \frac{1}{2}\right) \times \frac{1}{\sigma^2}}{\sqrt{\left(\frac{1}{2} - \frac{\mu}{\sigma^2}\right)^2 + \frac{2r}{\sigma^2}}} < 0,$$

$$\frac{\partial L_{\max}}{\partial \lambda} > 0, J > 0,$$

$$\frac{\partial L_{\max}}{\partial \lambda} < 0, J < 0$$

经济学意义是：房产价格的正向冲击次数越多，土地的预期增长率越高，土地的价值越大；房产价格的负向冲击次数越多，土地的预期增长率越低，土地的价值越小。

4. 无风险利率 r 对土地价值 $L_{\max}$ 的影响

$$\beta_r = \frac{\dfrac{1}{\sigma^2}}{\sqrt{\left(\dfrac{1}{2} - \dfrac{\mu}{\sigma^2}\right)^2 + \dfrac{2r}{\sigma^2}}} > 0, 且 \beta - 1 > 0 \rightarrow$$

$$\frac{\partial L_{\max}}{\partial r} = \frac{s_r r(\beta - 1) - s\beta_r r + s(\beta - 1)}{[r(\beta - 1)]^2} \times R,$$

$$s = \frac{r}{r - \mu} \xrightarrow{\text{yields}}$$

$$s_r = \frac{-\mu}{(r - \mu)^2} < 0, \quad s_\mu = \frac{r}{(r - \mu)^2} > 0$$

$r < 2\mu$，即 $r^2 - 2\mu r < 0$ 时，可得，

$(s_r r + s)(\beta - 1) - sr\beta_r < 0$，进一步有，$\dfrac{\partial L_{\max}}{\partial r} < 0$。

当然，$r < \delta$ 是比较容易满足的。

经济学解释：利率导致的替代效益大于收入效应，即当期投资价值的下降超过等待期权价值的增加，土地价值和利率负相关。

5. 不确定性 σ^2 对土地价值 $L_{\max}$ 的影响

$$\beta_{\sigma^2} = \frac{\mu}{\sigma^4} - \frac{\left(\dfrac{\mu}{\sigma^2} - \dfrac{1}{2}\right) \times \dfrac{\mu}{\sigma^4}}{\sqrt{\left(\dfrac{1}{2} - \dfrac{\mu}{\sigma^2}\right)^2 + \dfrac{2r}{\sigma^2}}} - \frac{\dfrac{2r}{\sigma^4}}{\sqrt{\left(\dfrac{1}{2} - \dfrac{\mu}{\sigma^2}\right)^2 + \dfrac{2r}{\sigma^2}}},$$

不能判断 β_{σ^2} 的正负。

$$\frac{\partial L_{\max}}{\partial \sigma^2} = \frac{-\beta_{\sigma^2}}{(\beta - 1)^2} \times \frac{sR}{r},$$

由于上式不能判断正负，所以不能断定土地价值和波动性之间的关系。

中国市场参数的选择：

表6－3　不同参数结构下的土地价值和期权价值及其比值

μ	r	σ	λJ	β	期权价值	农地价值	期权占比
0.015	0.04		0.01	2.38	71.51163	96.51163	0.740964
0.02	0.06	0.050	0.01	2.71	35.75064	52.4173	0.682039
0.03	0.08		0.01	2.50	28.89344	41.39344	0.69802
0.05	0.10		0.01	1.95	36.31579	46.31579	0.784091
0.015	0.04		0.01	2.18	78.33333	103.3333	0.758065
0.02	0.06	0.075	0.01	2.48	38.4058	55.07246	0.697368
0.03	0.08		0.01	3.09	30.51802	43.01802	0.709424
0.05	0.10		0.01	3.64	37.77778	47.77778	0.790698
0.015	0.04		0.01	1.72	110.1064	135.1064	0.814961
0.02	0.06	0.150	0.01	1.95	50.00000	66.66667	0.750000
0.03	0.08		0.01	2.30	37.81646	50.31646	0.751572
0.05	0.10		0.01	2.61	44.48276	54.48276	0.816456
0.015	0.04		0.01	1.33	215.4762	240.4762	0.896040
0.02	0.06	0.300	0.01	1.53	86.11111	102.7778	0.837838
0.03	0.08		0.01	1.70	60.11905	72.61905	0.827869
0.05	0.10		0.01	1.86	67.14286	77.14286	0.870370

由表6－3可以看出：

①其他参数不变，期权的价值随着不确定性的增加而增加；

②期权价值与土地的预期增长率正相关；

③期权价值与利率负相关；

④此定价模型根据具体地方的实际，选取参数，从而决定相应的土地价格；

⑤中国市场参数的选择：无风险利率的最好代表是短期国债的收益率，一般是三个月的国债。短期无风险利率 r 参考董乐（2006）的研究结果；通过中国人民银行营业管理部于2010年抽样调查得到的结果，采用房年租金平均是住房价格的6%，计算出租金率 δ；以50年的平均年限，按照衰退到

10％计算出连续时间住房折旧率 d,目前中国市场的数据如下:

$r=2\%, \delta=5.83\%, d=4.61\%, \sigma=7.52\%$,计算出就全国平均水平而言,若有 $\lambda J=0.001$ 单位的冲击,正向冲击期权和地价的值上升 8.366,负向冲击期权和地价的值下降 7.107,正向冲击的效果大于负向冲击的效果,即金融市场人们的常见心理买涨不买跌,正向冲击结果是负向冲击结果的 1.17 倍;对期权与地价的比率来讲,负向冲击的效果大于正向冲击的效果,正向冲击结果是负向冲击结果的 49.2 倍。

表 6-4　房价冲击对土地价值、期权价值及其比值的影响

μ	r	σ	λJ	冲击对期权价值的影响	冲击对土地价值的影响	冲击对期权价值的影响比率	冲击对土地价值的影响比率	期权占比冲击影响
0.015	0.04		0.01	39.34109	47.67442	0.354895	0.330645	0.027853
0.02	0.06		0.01	9.694656	13.02799	0.213326	0.199067	0.012362
0.03	0.08	0.05	0.01	5.884075	7.669789	0.169192	0.156325	0.010811
0.05	0.10		0.01	7.690058	8.801170	0.174751	0.159682	0.014318
0.015	0.04		0.01	43.88889	52.22222	0.359091	0.335714	0.02765
0.02	0.06		0.01	10.57971	13.91304	0.215976	0.201681	0.012716
0.03	0.08	0.075	0.01	6.290219	8.075933	0.170892	0.15806	0.010979
0.05	0.10		0.01	8.055556	9.166667	0.175758	0.160976	0.01418
0.015	0.04		0.01	65.07092	73.40426	0.371457	0.352041	0.025175
0.02	0.06		0.01	14.44444	17.77778	0.224138	0.210526	0.013158
0.03	0.08	0.15	0.01	8.114828	9.900542	0.176673	0.164414	0.01119
0.05	0.10		0.01	9.731801	10.84291	0.179505	0.165982	0.013456
0.015	0.04		0.01	135.3175	143.6508	0.385747	0.373967	0.017184
0.02	0.06		0.01	26.48148	29.81481	0.235197	0.22486	0.011324
0.03	0.08	0.30	0.01	13.69048	15.47619	0.185484	0.175676	0.009969
0.05	0.10		0.01	15.39683	16.50794	0.186538	0.176271	0.010986

在表 6—4 中，

期权占比冲击影响＝（之前期权占比－冲击后的期权占比）÷之前期权占比

由表 6—4 可以看出：房产价格的正向冲击高度越高，土地的预期增长率越高，土地的价值越大；房产价格的负向冲击高度越高，土地的预期增长率越低，土地的价值越小；此模型可根据具体地方的实际，选取参数，从而决定相应的土地价格。

6.4　本章小结

由前面的计算可知，当开发成本固定时，若有 $\lambda J = 0.001$ 单位的冲击，正向冲击期权和地价的值上升 0.1462，负向冲击期权和地价的值下降 0.1238，正向冲击的效果大于负向冲击的效果，即金融市场人们的常见心理买涨不买跌，正向冲击结果是负向冲击结果的 1.18 倍。对期权与地价的比率来讲，正向冲击的效果大于负向冲击的效果，正向冲击结果是负向冲击结果的 7.91 倍。

当开发成本可变时，若有 $\lambda J = 0.001$ 单位的冲击，正向冲击期权和地价的值上升 8.366，负向冲击期权和地价的值下降 7.107，正向冲击的效果大于负向冲击的效果，即金融市场人们的常见心理买涨不买跌，正向冲击结果是负向冲击结果的 1.17 倍；对期权与地价的比率来讲，负向冲击的效果大于正向冲击的效果，正向冲击结果是负向冲击结果的 49.2 倍。

成本的固定与变化直接影响了地价的变化方向和比率，结合中国宏观数据，带跳扩散过程的美式期权可以反映当前的房产价格的冲击对地价的影响。

在不同的市场参数下，成本的固定与变动对期权值、地价和其比率的影响见表 6—5。

表 6—5　成本变动对冲击结果的影响

μ	r	σ	λJ	成本变动对期权价值冲击比率的影响	成本变动对土地价值冲击比率的影响	成本变动对地价期权冲击比率的影响
0.015	0.04		0.01	-0.02771	0.125994	-0.1917
0.02	0.06		0.01	-0.02352	0.096794	-0.13505
0.03	0.08	0.05	0.01	-0.02593	0.068413	-0.1042
0.05	0.10		0.01	-0.02525	0.046639	-0.08159
0.015	0.04		0.01	-0.00455	0.128817	-0.16934
0.02	0.06		0.01	-0.00495	0.09953	-0.12068
0.03	0.08	0.075	0.01	-0.30102	-0.06416	-0.30552
0.05	0.10		0.01	-0.55417	-0.26097	-0.51133
0.015	0.04		0.01	0.023838	0.116557	-0.12053
0.02	0.06		0.01	0.012017	0.089836	-0.08828
0.03	0.08	0.15	0.01	-0.21533	-0.05336	-0.20962
0.05	0.10		0.01	-0.45955	-0.23551	-0.37942
0.015	0.04		0.01	0.032299	0.083187	-0.07141
0.02	0.06		0.01	-0.07846	-0.00425	-0.09769
0.03	0.08	0.30	0.01	-0.21452	-0.10492	-0.15561
0.05	0.10		0.01	-0.39469	-0.25079	-0.25826

第7章 发展权定价的期权模型

本章结合数理金融学的最新进展,把几何布朗运动、带便利收益的几何布朗运动、分数维的几何布朗运动、分数维带跳的几何布朗运动作为土地收益流的基本假设,并推导了各种形式下土地期权的解析表达式,可以为土地的发展权定价提供理论指导。研究结果对不确定条件下地权价值的确定有重要的意义。经典的未定收益假设是几何布朗运动,但是越来越多的实证数据表明真实的资产收益过程存在长记忆性和分形特征,所以,分数阶的布朗运动的定价模型也在本章中得到了分析。

7.1 引言

净现值法(DCF)估计土地价值有诸多不足之处。首先,净现值法(DCF)的理论前提是资产或项目产生的收益或现金流是持续稳定的,或者说将来的现金流是可预期的。虽然说农村土地的收益是相对稳定的,但是,当市场信息发生巨大改变或者意外冲击产生时,农户在土地经营上可具有灵活性或者战略成长性,这种“固定”的估价方法,忽略或者低估了这种灵活性、成长性的价值,由此会导致价值的低估。其次,净现值法(DCF)是立足于土地现在的投资机会和产值估计未来的增长所能产生的现金流的价值,忽略了土地潜在的增长机会可能在未来可能带来的收益,因此,不能把握不确定环境下的各种增长机会给土地带来的新增价值。

7.2　择优期权模型

土地发展权价值的重要组成部分之一是：择好期权的价值，如可以选择种粮食还是盖房子，或者可以选择种植经济价值更高的作物。择好期权是指决策者在到期日可取得两个标的资产中的最佳回报。在到期日择好期权的收益可以分为两类：或者是按照价格本身择优收益，或者是按照价格的增长率择优收益。

7.2.1　服从几何布朗运动的择好期权定价

设基于土地的两种未定收益 X_1, X_2 分别服从下面的价格过程：

$$\frac{\mathrm{d}X_1}{X_1} = \mu_1 \mathrm{d}t + \sigma_1 \mathrm{d}B_1,$$

$$\frac{\mathrm{d}X_2}{X_2} = \mu_2 \mathrm{d}t + \sigma_2 \mathrm{d}B_2, \qquad \mathrm{d}B_1 \mathrm{d}B_2 = \rho \, \mathrm{d}t$$

土地经营的决策者可以在两种收益之间选择，这种选择权的价值可以表示为：

$$V = \max(X_1, X_2),$$

$$V = X_1 N(d_{1,2}) + X_2 N(d_{2,1}),$$

$$d_{1,2} = \frac{\ln \dfrac{X_1}{X_2} + \dfrac{1}{2}(\sigma_1^2 + \sigma_2^2 - 2\rho \, \sigma_1 \sigma_2)(T-t)}{\sqrt{(\sigma_1^2 + \sigma_2^2 - 2\rho \, \sigma_1 \sigma_2)(T-t)}},$$

$$d_{2,1} = \frac{\ln \dfrac{X_2}{X_1} + \dfrac{1}{2}(\sigma_1^2 + \sigma_2^2 - 2\rho \, \sigma_1 \sigma_2)(T-t)}{\sqrt{(\sigma_1^2 + \sigma_2^2 - 2\rho \, \sigma_1 \sigma_2)(T-t)}}$$

一个应用的例子：

假设，第一，住房交易市场是完全的，即要求房屋是无限可分的，没有交易成本，交易可以是时间连续的，信息是完备的，这是实物期权定价文献的标准假设；第二，房地产市场由于房地产公司、炒房者、房地产股票的存在，满足 Merton(1992)提出的无套利条件；第三，存在一个无风险资产，无风险

收益率为常数 r；第四，设房租价格价和粮食价格分别满足如下的几何布朗运动：

$$dh = \mu_h h\, dt + \sigma_h h\, dB_1,$$

$$dc = \mu_c c\, dt + \sigma_c c\, dB_2,$$

$$dB_1\, dB_2 = \rho dt$$

等价地，可表述为

$$\frac{dh}{h} = \mu_h\, dt + \sigma_{11}\, dB_1 + \sigma_{12}\, dB_2,$$

$$\frac{dc}{c} = \mu_c\, dt + \sigma_{21}\, dB_1 + \sigma_{22}\, dB_2,$$

$$E(dB_1) = 0,$$

$$E(dB_2) = 0,$$

$$Var(dB_1) = Var(dB_2) = dt$$

第五，相关系数为 ρ

$$dB_1\, dB_2 = \rho\, dt$$

第六，土地的发展权是一个欧式择优期权。

$$V = max(X_1, X_2)$$

进一步假设，$X_1 = h_t - K_h$；$X_2 = c_t - K_c$，其中，h_t：表示房价；c_t：表示粮食价格；K_h 表示房产成本；K_c 表示种植成本。

$$V = max(h_t - K_h, c_t - K_c)$$

房租－房产税－购房成本和种粮食的收益探讨。

择好期权的收益为 $max(h_t, c_t)$，其数学模型为：

$$V_t + V_{hc}\rho\sigma_h\sigma_c hc + \frac{1}{2}V_{hh}\sigma_h^2 h^2 + \frac{1}{2}V_{cc}\sigma_c^2 c^2 + V_h\mu_h h + V_c\mu_c c - rV = 0,$$

$$V(h, c, T) = max(h_t, c_t),$$

$$\mu_h = r - q_1,$$

$$\mu_c = r - q_2$$

可解得，土地的择好期权价值为：

$$V = X_1 N(d_{1,2}) + X_2 N(d_{2,1}),$$

其中,

$$d_{1,2} = \frac{\ln \dfrac{X_1}{X_2} + \dfrac{1}{2}(\sigma_1^2 + \sigma_2^2 - 2\rho\,\sigma_1\sigma_2)(T-t)}{\sqrt{(\sigma_1^2 + \sigma_2^2 - 2\rho\,\sigma_1\sigma_2)(T-t)}},$$

$$d_{2,1} = \frac{\ln \dfrac{X_2}{X_1} + \dfrac{1}{2}(\sigma_1^2 + \sigma_2^2 - 2\rho\,\sigma_1\sigma_2)(T-t)}{\sqrt{(\sigma_1^2 + \sigma_2^2 - 2\rho\,\sigma_1\sigma_2)(T-t)}}$$

7.2.2 服从几何布朗运动且带便利收益的择好期权定价

设基于土地的两种未定收益 X_1, X_2 分别服从下面的价格过程:

$$\frac{\mathrm{d}X_1}{X_1} = \mu_1 \mathrm{d}t + \sigma_1 \mathrm{d}B_1,$$

$$\frac{\mathrm{d}X_2}{X_2} = \mu_2 \mathrm{d}t + \sigma_2 \mathrm{d}B_2$$

土地经营的决策者可以在两种收益之间选择,这种选择权的价值可以表示为:

$$V = X_1 \exp\{-q_1(T-t)\}N(d_{1,2}) + X_2 \exp\{-q_2(T-t)\}N(d_{2,1}),$$

$$d_{1,2} = \frac{\ln \dfrac{X_1}{X_2} + \left[q_2 - q_1 + \dfrac{1}{2}(\sigma_1^2 + \sigma_2^2 - 2\rho\,\sigma_1\sigma_2)\right](T-t)}{\sqrt{(\sigma_1^2 + \sigma_2^2 - 2\rho\,\sigma_1\sigma_2)(T-t)}},$$

$$d_{2,1} = \frac{\ln \dfrac{X_2}{X_1} + \left[q_1 - q_2 + \dfrac{1}{2}(\sigma_1^2 + \sigma_2^2 - 2\rho\,\sigma_1\sigma_2)\right](T-t)}{\sqrt{(\sigma_1^2 + \sigma_2^2 - 2\rho\,\sigma_1\sigma_2)(T-t)}}$$

7.2.3 服从分数布朗运动的择好期权定价

Benoit Mandelbrot 和 Van Ness 提出的分数布朗运动(fractional Brownian motion,FBM)模型是使用最广泛的一种,它具有自相似性、非平稳性两个重要性质,是许多自然现象和社会现象的内在特性。分数布朗运动被赋予不同的名称,如分形布朗运动、有偏的随机游走、分形时间序列、分形维纳过程等。分形理论按时间参数来分,可分为静态的分形理论和动态的分形理论。

111

　　大多数人在接到信息时并不马上做出决策,他们会等着确认信息,且不等到趋势已经十分明显就不做出反应。这样,因证实一个趋势所需的确认信息的时间不同,对于学习的不均等的消化可能会导致一个有偏的随机游动。曼德勃罗特称这种随机游动为分数布朗运动。即金融市场服从分数布朗运动,有效市场理论所言仅仅是分形分布的一种特殊情形。分数布朗运动是对具有分形特征的自然现象的高阶逼真,而金融市场的价格波动行为正是具备分形特征的现象,如自相似性,无特征长度,有精细结构,或局部以某种方式与整体相似。Edgar E. Peters(1996)提出了分形市场假说(Fractal Market Hypothesis,FMH),强调了流动性的影响以及投资起点对投资者行为的影响。在《资本市场的混沌与秩序》一书中,他证明了资本市场是分形市场。事实上,证券市场中收益率明显存在自相似性:日、周和月收益率图形根本难以区分;另外,他还用相关维方法分析了美国、英国和日本的股票市场指数的分形特征,发现美、英、德的股票市场指数分形维都在 2 与 3 之间,这意味着对于经济学系统的股票系统可以用三个变量来建立动力学模型。最后他得出结论:大多数资本市场价格走势实际上是一个分形时间序列,分形时间序列是以长期记忆过程为特征的,它们有循环和趋势双重特征。信息并没有像 EMH 所描述的那样会立即被反映在价格中。所以将趋势和随机运动两者联系起来会使我们进入一个全新的领域。

　　设基于土地的两种未定收益 X_1,X_2 分别服从下面的价格过程:

$$\frac{\mathrm{d}X_1}{X_1} = \mu_1 \mathrm{d}t + \sigma_1 \mathrm{d}B_{H_1},$$

$$\frac{\mathrm{d}X_2}{X_2} = \mu_2 \mathrm{d}t + \sigma_2 \mathrm{d}B_{H_2}$$

　　土地经营的决策者可以在两种收益之间选择,这种选择权的价值可以表示为:

$$V = X_1 N(d_{1,2}) + X_2 N(d_{2,1}),$$

　　其中,

$$d_{1,2} = \frac{\ln \dfrac{X_1}{X_2} + \dfrac{1}{2}\tilde{\sigma}^2(T-t)}{\sqrt{\tilde{\sigma}^2(T-t)}},$$

$$d_{2,1} = \frac{\ln \dfrac{X_2}{X_1} + \dfrac{1}{2}\tilde{\sigma}^2(T-t)}{\sqrt{\tilde{\sigma}^2(T-t)}},$$

$$\tilde{\sigma}^2 = (\sigma_1^2 + \sigma_2^2 - 2\rho\sigma_1\sigma_2)\left[(\delta t)^{2H-1} + \sqrt{\frac{2}{\pi}}\frac{2k}{\hat{\sigma}}(\delta t)^{H-1}\right]$$

7.2.4　服从分数布朗运动且带便利收益的择好期权定价

设基于土地的两种未定收益 X_1, X_2 分别服从下面的价格过程：

$$\frac{\mathrm{d}X_1}{X_1} = \mu_1\mathrm{d}t + \sigma_1\mathrm{d}B_{H_1},$$

$$\frac{\mathrm{d}X_2}{X_2} = \mu_2\mathrm{d}t + \sigma_2\mathrm{d}B_{H_2}$$

土地经营的决策者可以在两种收益之间选择，这种选择权的价值可以表示为：

$$V = X_1\exp\{-q_1(T-t)\}N(d_{1,2}) + X_2\exp\{-q_2(T-t)\}N(d_{2,1}),$$

$$d_{1,2} = \frac{\ln \dfrac{X_1}{X_2} + \left[q_2 - q_1 + \dfrac{1}{2}\tilde{\sigma}^2\right](T-t)}{\sqrt{\tilde{\sigma}^2(T-t)}},$$

$$d_{2,1} = \frac{\ln \dfrac{X_2}{X_1} + \left[q_1 - q_2 + \dfrac{1}{2}(\sigma_1^2 + \sigma_2^2 - 2\rho\sigma_1\sigma_2)\right](T-t)}{\sqrt{\tilde{\sigma}^2(T-t)}},$$

其中，$\tilde{\sigma}^2 = (\sigma_1^2 + \sigma_2^2 - 2\rho\sigma_1\sigma_2)\left[(\delta t)^{2H-1} + \sqrt{\dfrac{2}{\pi}}\dfrac{2k}{\hat{\sigma}}(\delta t)^{H-1}\right]$

7.2.5　分数阶带跳的择优期权模型

设基于土地的两种未定收益 X_1, X_2 分别服从下面的价格过程：

$$\frac{\mathrm{d}X_1}{X_1} = (\mu_1 - \lambda_1\theta_1)\mathrm{d}t + \sigma_1\mathrm{d}B_{H_1} + \varphi_1\mathrm{d}N_1,$$

$$\frac{\mathrm{d}X_2}{X_2} = (\mu_2 - \lambda_2\theta_2)\mathrm{d}t + \sigma_2\mathrm{d}B_{H_2} + \varphi_2\mathrm{d}N_2$$

上两式的解

$$X_1 = X_1 \exp\left\{ \int_0^t (\mu_1 - \lambda_1 \theta_1)\,\mathrm{d}X - \frac{1}{2}\sigma_1^2 t^{2H_1} + \sigma_1 B_{H_1} + \sum_{i=1}^{N_1} \ln(1 + \varphi_{1i}) \right\},$$

$$X_2 = X_2 \exp\left\{ \int_0^t (\mu_2 - \lambda_2 \theta_2)\,\mathrm{d}X - \frac{1}{2}\sigma_2^2 t^{2H_2} + \sigma_2 B_{H_2} + \sum_{i=1}^{N_2} \ln(1 + \varphi_{2i}) \right\},$$

土地经营的决策者可以在两种收益之间选择,这种选择权的价值可以表示为:

$$V(X_1, X_2, t) = A\left[X_2 (1 + \theta_2)^{n_2} \exp\left\{ -\int_0^t \lambda_2 \theta_2\,\mathrm{d}s \right\} N(d_1) \right.$$

$$\left. - X_1 (1 + \theta_1)^{n_1} \exp\left\{ -\int_0^t \lambda_1 \theta_1\,\mathrm{d}s \right\} N(d_2) \right]$$

$$- A_1 X_1 (1 + \theta_1)^n \exp\left\{ -\int_0^t \lambda_1 \theta_1\,\mathrm{d}s \right\},$$

其中,$N(X)$ 表示标准正态分布的分布函数;

$$N(X) = \int_{-\infty}^X \frac{1}{\sqrt{2\pi}} \exp\left(-\frac{t^2}{2} \right) \mathrm{d}t$$

$$\dot{N}(X) = \frac{1}{\sqrt{2\pi}} \exp\left(-\frac{t^2}{2} \right),$$

$$d_1 = \frac{\ln\dfrac{X}{K} + r(T-t) + \dfrac{\sigma^2}{2}(T-t)^{2H}}{\sigma(T-t)^H},$$

$$d_2 = d_1 - \sigma(T-t)^H$$

当 $H_1 = H_2 = 1/2$ 时,分数布朗运动即为普通的布朗运动。

7.3 成长期权模型

农地的成长期权价值是指农户通过较早投入的计划,不仅可以获得宝贵的经验,也可视为未来投资的基础投入,使得农户获得土地价值成长的权力。典型表现为:在农地的种植过程中,农户不仅可以按现有的环境及现在的发展趋势获得稳定的产值收益,还拥有一些特定情况出现时产值的提高带来的收益。

在当前的中国,以下措施都可以提高农地的收益,但其价值都没有得到充分的体现。

1.根据市场需要,选择经济效益好的农作物,可以提高农地的收益

农户收益预期是以农地现有的种植品种为基础的,假定土地的产出物保持不变。事实上,除了国家规定的生产基地必须生产制定的农产品,农民有权根据市场的具体情况做出决定,可选择种植经济效益更好的农产品品种。但是,由于中国农民普遍社会禀赋较低、资本力量弱、缺乏必要的技术力量支持,这种权利的价值没有得到充分的体现。

2.利用金融工具,可规避农业风险,稳定并提高农地的收益预期

农业生产和大自然的联系更紧密,不同于工业,生产者可以自行根据市场需求来决定产量。气候和天气的不确定因素直接决定农户的收益。由于中国是北半球中纬度重灾带和太平洋重灾带这两条世界上巨灾多发地带都涉及的国家,气候变化的不确定性高,天气灾害种类多、频次高,给中国农业生产带来了巨大的损失。据农业部统计,2010 年来每年受灾农作物面积占农作物播种总面积的 20%~35%,经济损失上千亿。虽然,随着人类科技的进步,对于天气的预报能力、抵御灾害的能力都在不断提高,但天气仍然是农户所面临的最大的不确定因素。

目前,欧美等较成熟的金融市场已经衍生出了天气期货来规避农产品市场所面临的天气风险,例如,以温度、雨量、空气湿度、风速等气候因素为标的的期货合约,大大地规避了农产品产量所面临的风险,锁定了农地的产值。

目前在我国尚未形成农业风险的金融市场,还没有较成熟的规避农业风险的方式。农业保险的发展状况不能令人乐观,保险的险种、赔付率、农户的参保率都有待进一步提高。我国主要通过政府的财政手段来防灾减灾,总的经费投入水平大约每年几十亿元,面广点少,杯水车薪。这使得我国农业产值随着天气波动很大,但可以预期,随着金融市场的逐步完善,可

以利用各种金融工具规避风险,农地的收益也可以随之稳定在更高的水平上。

3.中国农产品价格形成机制的进一步市场化可以提高农地收益

由于特殊的历史原因,我国经历了长期的以农养工的发展阶段,实行工农产品剪刀差的政策,农产品的价格一直偏低①。

1953年中国开始实行农产品统购统销政策,人为实行工农产品不等价交换,以换取工业化所需的积累资金。

1985年国家改农产品统购统销政策为合同定购,但这种工农业产品剪刀差并没有消除,并且一直延续到现在。

这种制度的存在限制了农产品价格,据任浩等(2003)的研究结果,剪刀差修正前的农地收益价格是修正后的40%左右。

农产品自然是商品的一种,其价格决定机制也应是价值决定价格,供求关系影响价格,除此之外,宏观经济政策特别是货币政策(Lapp & Smith,1992)。贸易地位和贸易政策(Konandrea S and Schmitz,ehung)等因素也会影响农产品价格。迄今为止,对中国粮食价格波动成因的系统分析较少。

4.突破家庭联产承包责任制的历史局限性,必将提高农地收益

改革开放以后,我国在农村开始实行家庭联产承包责任制。这种政策将以土地为主的集体生产资料和相应的生产任务分配到农户,一方面,集体经济保留必要的统一经营权;另一方面,农户拥有土地和其他生产资料的承包经营权。农户可根据承包合同规定的权限,做出经营决策,在完成国家和集体任务的前提下分享经营成果。这一政策发挥和释放了农民的生产积极性,解放了生产力,是我国改革开放的政策根基之一。在新的历史时期,家庭联产承包责任制限制了农地承包经营权的流转,限制了机械化的耕作等农业技术的使用和普及,从而限制了农业的生产效率。随着中国土地制度的不断改革,农地承包经营权的流转也在逐步的发展中,可以预见,农地的

---

① 吴敬琏.中国经济改革教程[M].上海:上海远东出版社,2010.

生产成本、交易成本可以随之降低,农地收益必将大幅提高。

综上所述,随着农户各项禀赋的提高,国家农业投入的增加,金融市场的逐步完善,农产品价格市场化机制的逐步建立,农业规模化生产的实现,这些因素必将带给农民除稳定的传统种植收入以外的增值收益。

根据现代金融学期权理论的相关研究,农地的成长期权价值可用欧式或美式看涨期权来表示。其定价方法简单介绍如下。

7.3.1　看涨欧式期权模型

农地的成长权价值可用无股利分配的 B-S 期权定价公式来计算。假设农地收益的价格过程为布朗运动,仅考虑风险中性。符号说明如下:

X 表示标的资产当前的价格,即农地的预期产值;K 表示期权的执行价格或履约价格,若计算的是农地超额收益的权力,那么执行价格也等于农地的预期产值,农地产值超过现在的预期时才有价值;r 表示无风险利率,即一年期存款的实际利率;t 表示距离期权到期的时间(以年计);σ 表示标的资产的波动率,即农地产值的波动率。

则农地所包含的成长价值计算公式为:

$$V = \sum_{i=1}^{n} (1+r)^{-i} V_i,$$

$$V_i = hN(d_1) - Xe^{-n}N(d_2),$$

$$d_1 = \ln\frac{h}{X} + \left(R + \frac{\sigma^2}{2}\right)t,$$

$$d_2 = d_1 - \sigma\sqrt{t}$$

7.3.2　分数阶欧式期权模型

欧式期权的价值一般小于美式期权的价值,由于分数布朗运动下美式期权价值计算过于复杂,难于进行比较静态分析。所以这里给出了分数布朗运动下欧式期权的定价,作为美式期权的一个下界,来衡量土地投资的不确定性的价值。

假设,服从分数布朗运动的资产价格过程

$$dh = \mu h\, dt + \sigma h\, dB_H,$$

其中，$h(t)$ 为标的资产的价格过程，无风险利率为 r，执行价格为 K，到期日为 T 的欧式看涨期权在 t 时刻的期权价格为

$$V = hN(d_1) = Ke^{-r(T-t)}N(d_2),$$

其中，$N(t)$ 表示标准正态分布的分布函数。

$$d_1 = \frac{\ln\dfrac{h}{K} + r(T-t) + \dfrac{\sigma^2}{2}(T-t)^{2H}}{\sigma(T-t)^H},$$

$$d_2 = d_1 - \sigma(T-t)^H$$

7.4 发展权定价之转换期权模型

$$V_{\text{转换}} = V_{\text{择优}}\{h_1, h_2\} - h_2$$

农地价值中的转换期权价值，在我国，农地使用权可以出租或者转让，《农村土地承包法》对当前农地使用权流转作了明确的原则和政策规定：承包农户是流转的主体；土地流转主要通过市场机制；流转收益全部归承包户。因此，农民有权选择自己耕种，或者将使用权出租给他人获得租金收入。由于农地的耕种除了物质投入外，还有一个劳动力的投入问题，农地的租金收入是农业生产资料的机会成本，而农民外出务工所能获得的收益相当于劳动力的机会成本，当农民预期农地生产的机会成本大于其收益时，就会选择将土地出租。由于农地的使用权流转在操作过程中面临着各种困难，农民的这种转换期权很少被实行。有关抽样调查也证实了这一点。可以预见，随着农地使用权流转市场的完善，相关的保障制度的完善，以及农地产权制度的进一步完善，农民就可以通过行使转换期权提高收入。因此，农地的价值中应该包括这一部分权力的价值。

7.5 发展权定价之复合期权模型

农地的发展权定价可理解为成长期权、转换期权、价值成长期权和转换

期权结合的复合期权。无论农地使用权是否实现流转,影响成长期权的因素都会一直存在,而农地的产值又是影响转换期权是否行权的主要因素之一,因此两个期权的价值并非完全独立,而是有着相关系。因此,用复合期权来表达土地发展权的价值应更准确。

复合期权是期权的期权,是一系列权利的嵌套,适合于刻画序列决策的问题。

如 R & D 项目、高科技项目的风险投资、企业并购策略,若前期的预定目标没达到,投资者将选择放弃下一期投资。Geske(1977,1978)启动了复合期权的研究工作,导出了两期复合欧式期权的解析解。当前复合期权理论研究主要集中于如何对简单复合期权进行扩展。

如何从二期复合期权向多期复合期权的推广。理论难点之一在于计算的复杂性会随着复合期数的增加而迅速增加,导致求不出解析解。迪克西特等(2002)的分析方法是,用动态规划方法和或有权益分析求解复合期权的偏微分方程,在一定的边界条件下可求出复合期权价值函数和执行阈值的解析解,但边界条件很难满足。Alvarez & Stenbacka(2001)基于马尔可夫泛函的格林表示,得到了复合期权通用的计算方法,可求出复合期权价值函数和最优执行策略。Lin(2002)给出了欧式多期复合期权的一般形式解,且利用近似方法求解,由于解的形式中存在嵌套的高维正态积分,求数值解计算量很大。

复合期权数学模型的改进。在简单复合期权中,仅考虑单因素情况,且假设资产价过程为几何布朗运动。在多期时,参数的敏感性会被放大,因此几何布朗运动假设需要改进。Buraschi & Dumas(2001)将布朗运动推广到了一般的扩散过程;Geman, EI Karoui & Rochet(1995)以及 Elettra & Rossella(2003)不仅将布朗运动推广到了一般的扩散过程,而且引入时变的波动率和利率两个因素,将复合期权模型扩展到多因素情形。Herath & Park(2002)在此基础上,多资产、多期的复合期权模型,并采用二项式方法来定价和分析。Trigeorgis(1991)提出所谓的"对数变形的二项式数值分析方法"来定价复合期权,在数值计算方面有很好的一致性、稳定性。

复合期权的计算方法可分为解析方法和离散方法。解析方法涉及多重积分,计算繁复;以二叉树为代表的离散方法被广泛用于复合期权的计算。

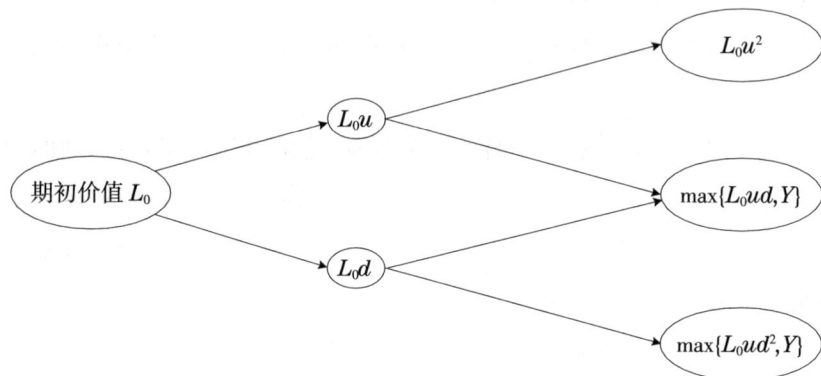

图 7-1　土地定价的二叉树模型

7.6　本章小结

当今布朗运动和泊松过程是构成随机分析的两大支柱。布朗运动假设是现代资本市场理论的核心假设。将布朗运动与股票价格行为联系在一起,进而建立起维纳过程的数学模型是本世纪的一项具有重要意义的里程碑,在现代金融数学中占有重要地位。这种有序的、线性的、稳定假设和真实世界并不相吻合。世界根本上讲是混沌的、非线性的、非稳定的。金融市场的价格波动、心电波和及脑电波的波动、电子设备的噪声、自然地貌等大量的自然现象和社会现象中存在着一类近乎全随机的现象,具有自相似性和长时相关性的特征。

广义的布朗运动是研究和发展数理金融学的基石。布朗运动的理论构筑了金融经济学(数理金融学)的完整体系,而分数布朗运动为在复杂系统

科学体系下揭示金融市场价格波动的规律创造了契机,使金融经济学研究
向一个崭新的领域——分形维数理金融学拓展。

农地的价值可以分为固定收益部分和期权价值部分。农地所包含的实
物期权价值,在使用权无法流通的地方是成长期权的价值;在使用权实现流
通的地方是复合期权的价值。其中,固定收益由各年的现金流折现而成,每
年的收益等于农作物的产量乘以价格减去成本。对于土地流转的转出方而
言,土地价值等于土地租金和工资收入和折现减去机会成本或搜索成本。
计算公式如下:

$$V_{总} = \bar{V}_{固定} + V_{期权},$$

$$\bar{V}_{固定} = \sum_{i=0}^{n} NCF_i (1+r)^{-i},$$

$$NCF_i = P_i Q_i - C_i,$$

$$V_{转出方} = \sum_{i=0}^{n} (R_1 + G_0)(1+r)^{-i} - C$$

本章结合数理金融学的最新进展,把几何布朗运动、带便利收益的几何
布朗运动、分数维的几何布朗运动、分数维带跳的几何布朗运动作为土地收
益流的基本假设,并推导了各种形式下土地择优期权的解析表达式,可以为
土地的择优期权定价提供理论指导。

第 8 章　二维随机条件下土地租赁经营的投资博弈模型

传统的 NPV 投资决策标准认为,项目的投资价值应大于投资的成本;基于实物期权的投资决策标准则认为,项目的投资价值应大于投资的成本和期权价值之和;如果考虑博弈的价值,就产生了基于期权博弈理论的投资决策标准认为,项目的投资价值应大于投资的成本、期权价值和博弈价值之和。本章通过建立二维随机条件下的不对称双寡头实物期权博弈模型,研究了当不确定性为二维时,投资密度和初始投资成本比率不对称对土地租赁经营投资决策的影响,对存在抢先均衡、序列均衡和同时均衡的情形进行分析,并结合数值案例进行说明。模型结果表明,较小的投资密度和投资成本比率都能降低投资阈值,使得投资投资者具有更多的投资先机;交叉占优时两投资者均有机会抢先投资,相比较投资成本比率,租赁经营密度对投资者的投资阈值影响更大。

8.1　引言

Huisman & Kort(1999)首先建立了单因素期权博弈模型,假定市场需求一定,结论表明如果先发优势足够大,对称博弈的结果一定是抢先均衡,而非对称博弈的结果一定是同时均衡,投资成本的改变不能改变均衡类型;在此基础上,Pawlina & Kort(2001)提出了不完全非对称的期权博弈模型,假定投资成本对期权价值有显著影响,分析表明,如果投资成本的非对称性比较低,则会同时投资;如果非对称性较高,低成本的投资者会抢先;如果投资成本的非对称性足够大,投资者就会采取序贯博弈的模式。Paxson & Pinto(2003)则建立了双因素的期权博弈模型,假定利润与市场需求遵循两个不同的随机过程,收益为随机变量,受两个随机冲击影响。最后,需求不对称的因素被 Chu & Sing(2005)引入对称期权博弈模型,分析房地产开发投资策略,给出投资策略,模型结果对房产市场行为有一定的解释力;新的因素不断被考虑,成本不对称的因素被余冬平等(2005)通过引入期权博弈模型,假定 R & D 成功的概率服从泊松分布,研究了 R & D 问题的最优决策。应用领域的研究主要有,黄学军等(2005)利用期权博弈框架分析了竞争对技术创新投资的影响。夏晖和曾勇(2005)侧重成本不对称因素和技术创新因素对投资时间的影响,结论表明,影响均衡类型的主要原因是创新成功所需时间和投资成本差异。Wang & Zhou(2006)建立了双因素期权博弈模型,假定收益和成本都是随机的,分析并得到了不同市场结构下执行实物期权策略的解析解,模型解释了大开发商将在小开发商投资后才做出开发决策。曹立天等(2008)将上述模型应用于分析石油领域的投资决策,分析表明,风险不总是抑制投资,各种不确定性间的关系会影响开发价值。余冬平(2006)建立了一个对称双因素期权博弈模型,假定需求与成本是随机的,分析了投资者的最优决策。

在土地租赁经营投资决策研究中,只考虑单个随机不确定性的因素的模型得到了较多的讨论。然而实际的投资环境面临着复杂的市场环境,投资决策必然受到多重不确定因素的冲击,投资项目往往受到二个或多个随机不确定性的因素的影响。本章基于余冬平(2006)建立的对称博弈模型的基础上,讨论多维随机条件下土地开发投资的不对称双寡头实物期权博弈模型。

8.2 模型假设

假设 1：两个投资者垄断了同一片土地，在同质的市场中竞争，且皆为风险中性。在连续时间 $t \in [0, \infty)$ 内，两个土地租赁经营投资者 i 和 j 都具有投资的机会。

假设 2：由于受到未来市场需求不确定和成本不确定的冲击，土地租赁经营的收益是不确定的。假设市场价格的反需求函数是：

$$P(t) = X(t)D(q_i, q_j) ,$$

其中，X 是市场需求冲击变量，它表示市场环境的随机波动，并服从几何布朗运动过程 $\mathrm{d}X = X\mu_X \mathrm{d}t + X\sigma_X \mathrm{d}B_X$，其中 μ_X 为随机市场需求冲击的瞬时漂移率的均值，σ_X 是 X 的瞬时波动率，$\mathrm{d}B_X$ 为标准的维纳过程增量，$D(\bullet)$ 是市场基本需求函数。

q_i 和 q_j 分别是投资者 i, j 的租赁经营量，对于 $k \in \{i, j\}$ 有：

$$D_k = \begin{cases} 0, \text{投资者 } k \text{ 不投资}; \\ 1, \text{投资者 } k \text{ 投资} \end{cases}$$

$D(q_i, q_j)$ 的可能值为：$D(0,0)$ 表示两投资者均不投资；$D(1,0)$ 表示投资者 i 投资租赁经营量为 q_i 的土地并成为领头者，投资者 j 不投并成为追随者；$D(0,1)$ 表示投资者 i 不投资并成为追随者，投资者 j 投资租赁经营量为 q_j 的土地并成为领头者；$D(1,1)$ 表示两投资者在市场上同时投资。为保证抢先进入的投资者具有先动优势，进一步假定：$D(1,0) > D(1,1) > D(0,0) > D(0,1)$，$D(1,0) - D(0,0) > D(1,1) - D(0,1)$。

假设 3：单位土地的经营成本为 c，其服从几何布朗运动：$\mathrm{d}c = \mu_c c \mathrm{d}t + \sigma_c c \mathrm{d}B_c$，其中，$\mu_c \in (0, r)$ 为经营成本的瞬时漂移率，$\sigma_c > 0$ 为其瞬时波动率，$\mathrm{d}B_c$ 为标准维纳过程的增量。

假设 4：需求与单位经营成本之间的相关系数为 ρ_{Xc}，满足关系：$E(\mathrm{d}B_X \mathrm{d}B_c) = \rho_{Xc} \mathrm{d}t$。

假设 5：两投资者的初始投资成本为：$k_i q_i(k_j q_j)c$。

8.3　价值函数

$$V(X_t, c_t) = E \int_t^\infty (X_s D(1,1) - qc) e^{-r(s-t)} ds \,,$$

$$\pi_2(X, c) = X(t) D(1,1) - qc$$

8.4　双寡头实物期权博弈模型

8.4.1　追随投资者的实物期权价值及租赁经营阈值

在领先投资者已经投资租赁经营土地 q 后，追随投资者没有投资时其收益会随着市场需求 X 的增加由 $XD(0,0)$ 向 $XD(0,1)$ 变化，追随者投资后即可获得利润流：

$$\pi_2(X, c) = X(t) D(1,1) - qc \,,$$

如果追随投资者在 t 时刻进行投资，其土地价值为：

$$V(X_t, c_t) = E \int_t^\infty (X_s D(1,1) - cq) e^{-r(s-t)} ds = \frac{X_t D(1,1)}{r - \mu_X} - \frac{c_t q}{r - \mu_c}$$

利用伊藤引理和 Bellman 方程，追随者的期权价值满足：

$$\frac{1}{2} \left[\sigma_X^2 X^2 \frac{\partial^2 F}{\partial X^2} + 2\rho_{Yc} \sigma_Y \sigma_c Xc \frac{\partial^2 F}{\partial X \partial c} + \sigma_c^2 c^2 \frac{\partial^2 F}{\partial c^2} \right] +$$

$$\mu_Y X \frac{\partial F}{\partial X} + \mu_c c \frac{\partial F}{\partial c} - rF + XD(0,1) = 0$$

上述方程应满足定解条件：$F(0, c) = 0, F(X, \infty) = 0$；则有，

$$F(X_F, c_F) = \frac{X_F D(1,1)}{r - \mu_Y} - \left(\frac{q}{r - \mu_c} + k \right) c_F \,,$$

$$F_X(X_F, c_F) = \frac{D(1,1)}{r - \mu_Y} \,,$$

$$F_c(X_F, c_F) = \frac{q}{r - \mu_c} - k$$

令，$K = \dfrac{X}{c}, W(K) = \dfrac{F(X,c)}{c}$，代入得：

$$0.5\sigma^2 K^2 W''(K) + (\mu_X - \mu_c)KW'(K) + (\mu_c - r)W(K) + KD(0,1) = 0$$

其中：$\sigma^2 = \sigma_X^2 - 2\rho_{Xc}\sigma_X\sigma_c + \sigma_c^2$。

利用边界条件：$W(0) = 0$，

$$W(K_F) = \frac{K_F D(1,1)}{r - \mu_X} - \frac{q}{r - \mu_c} - k$$

可进一步得到追随者价值函数为：

$$W(K)\begin{cases} A_1 K^{\beta_1} + \dfrac{KD(0,1)}{r - \mu_X}, K < K_F; \\[2mm] \dfrac{KD(1,1)}{r - \mu_X} - \dfrac{q}{r - \mu_c} - k, K \geqslant K_F \end{cases}$$

进而得到：

$$K_F = \frac{\beta_1}{\beta_1 - 1}\left(\frac{q}{r - \mu_c} + k\right)\frac{r - \mu_X}{D(1,1) - D(0,1)},$$

$$A_1 = \frac{D(1,1) - D(0,1)}{\beta_1 K_F^{\beta_1 - 1}}$$

在下文中将投资者 i 和投资者 j 的投资阈值分别记为 K_{Fi} 和 K_{Fj}。

因此，投资者 i,j 分别作为追随者的价值函数为：

$$F_{i,j}(X,c) = cW_{i,j}(K)$$

对于追随者的最优投资策略是 K 首次大于或者等于 K_F 的时刻就开始投资，即最优投资时间为 $T_F = \inf\{t : K \geqslant K_F\}$。

8.4.2 领先投资者的期权价值及租赁经营阈值

根据上节的分析，在 $[0, T_F]$ 内追随投资者没有投资，因为，追随者的最优租赁经营时间为 T_F，故此时，领先投资者成为土地的垄断投资者，在不区分投资密度和投资初始成本时领先者的利润为 $XD(1,0) - \alpha q$。

当 $t \geqslant T_F$ 时，领先投资者的利润为 $XD(1,1) - cq$，和上面相同的方法求的得领先投资者的价值函数：

$$V_1(X,c) = E\left\{\int_0^{T_F} e^{-rt}[X(t)D(1,0) - c(t)q]dt\right\} +$$

$$E\left\{\int_F^{+\infty} \mathrm{e}^{-rt}\left[X(t)D(1,1) - c(t)q\right]\mathrm{d}t\right\} - kcq$$

$$L(K) = \frac{V(X,c)}{c}$$

令

$$L(K)\begin{cases} \dfrac{K_F(D(1,1) - D(0,1))}{r - \mu_X}\left[\dfrac{K}{K_F}\right]^{\beta_1} - \\[4mm] \left[\dfrac{q}{r - \mu_c} + k\right] + \dfrac{KD(0,1)}{r - \mu_X}, K < K_F; \\[4mm] \dfrac{KD(1,1)}{r - \mu_X} - \dfrac{q}{r - \mu_c} - k, K \geqslant K_F \end{cases}$$

因此，投资者 i,j 作为领先者分别的价值函数为

$$L_{i,j}(K) = \begin{cases} \dfrac{KD(1,0)}{r - \mu_X} + \left[\dfrac{K}{K_{Fj,i}}\right]^{\beta_1} \dfrac{K_{Fj,i}(D(1,1) - D(1,0))}{r - \mu_X} - \\[4mm] \left[\dfrac{q_{i,j}}{r - \mu_c} + k_{i,j}\right], K < K_{Fj,i}; \\[4mm] \dfrac{KD(1,1)}{r - \mu_X} - \left[\dfrac{q_{i,j}}{r - \mu_c} + k_{i,j}\right], K \geqslant K_{Fj,i} \end{cases}$$

故，$V_{1i,j}(X,c) = cL_{i,j}(K)$。

同时，投资者 i 的投资阈值就是当 $L_i(K) = W_i(K)$ 时所对应的 K_{Li}，投资者 j 的投资阈值就是当 $L_j(K) = W_j(K)$ 时所对应的 K_{Lj}。同样在投资者作为领先者在没有追随者进入的威胁下，只需要考虑自身的投资密度和成本可以求得在垄断条件下的投资阈值：

$$K_{Mi(j)} = \frac{\beta_1}{\beta_1 - 1} \cdot \left[\frac{q_{i(j)}}{r - \mu_c} + k_{i(j)}\right] \cdot \frac{r - \mu_X}{D(1,0) - D(0,0)}$$

8.5　均衡投资策略

1.如果不考虑投资成本差异，出现抢先均衡时，两投资者的投资策略

①如果 $K_t < K_L$ 则，领先者的价值小于追随者的价值，两投资者均等待

投资；

②如果 $K_L \leqslant K_t < K_F$ 则，领先者的价值大于追随者的价值，两投资者均立刻投资，其中只有一个投资者投资成功，成为领先租赁经营者，另一投资者只能等到 K_t 达到 K_F 则再投资，并成为追随租赁经营者；

③如果 $K_t \geqslant K_F$ 则，两投资者均立刻投资。

2. 如果不考虑投资成本差异，出现序列均衡时，两投资者的投资策略

①如果 $K_t < K_M$ 则，两投资者均等待，投资最优投资为如果 K 达到 K_M 时投资；

②如果 $K_M \leqslant K_t < K_F$ 则，领先者的价值大于追随者的价值，两投资者均立刻投资，其中只有一个投资者投资成功，成为领先租赁经营者，另一投资者只能等到 K_t 达到 K_F 时再投资，并成为追随租赁经营者；

③如果 $K_t \geqslant K_F$ 则两投资者均立刻投资。

上面模型中的阈值可表达为：

$$K_{ig} = \frac{\beta_1}{\beta_1 - 1} \cdot \left(\frac{q}{r - \mu_c} + k \right) \cdot \frac{r - \mu_X}{D_a - D_b},$$

其中，D_a，D_b 为确定的参数。

分别对 K_{ig} 中的 q 和 k 求导，可得：

$$\frac{\partial K_{ig}}{\partial q_i} = \frac{\beta_1}{\beta_1 - 1} \cdot \frac{1}{r - \mu_c} \cdot \frac{r - \mu_X}{D_a - D_b} > 0,$$

$$\frac{\partial K_{ig}}{\partial q_i} = \frac{\beta_1}{\beta_1 - 1} \cdot \frac{r - \mu_X}{D_a - D_b} > 0$$

进一步还有，

$$\frac{\partial K_{ig}}{\partial q_i} > \frac{\partial K_{ig}}{\partial k_i}$$

结论 1：当增大投资密度会增大投资阈值（如图 8—1 所示）。

增加投资密度会导致投资成本增加，较高的投资成本意味着投资者投资的风险较大，所以投资者不愿意较早的投资，这与经济学直觉相吻合。

结论 2：当增大初始投资成本都会增大投资阈值（如图 8—2 所示）。

增加投资的初始成本会导致投资成本增加，较高的投资成本意味着投

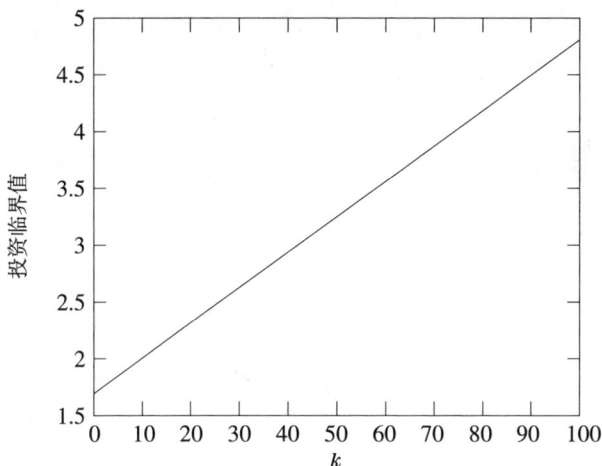

图 8－1　k 对投资临界值的影响

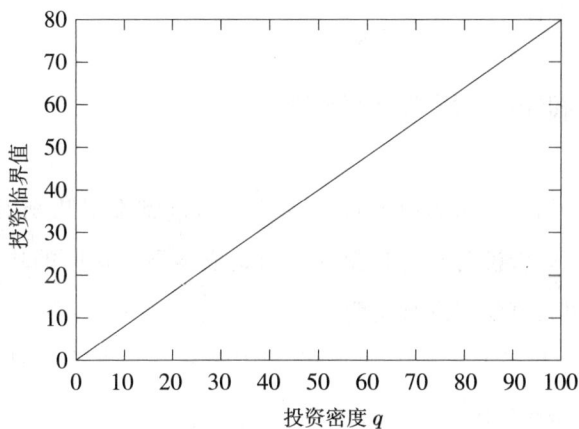

图 8－2　投资密度 q 对投资临的界值的影响

资者投资的风险较大,所以投资者不愿意较早的投资,这与经济学直觉相吻合。

　　结论 3:同时较大的投资密度和初始投资成本都使得投资阈值增大(如图8－3所示)。而且相比较而言投资密度对投资阈值的敏感度大于初始成本对投资阈值的敏感度。

　　不管是投资密度还是投资的初始成本都会增加投资成本,较高的投资成本意味着投资者投资的风险较大,所以投资者们不愿意较早的投资,这与

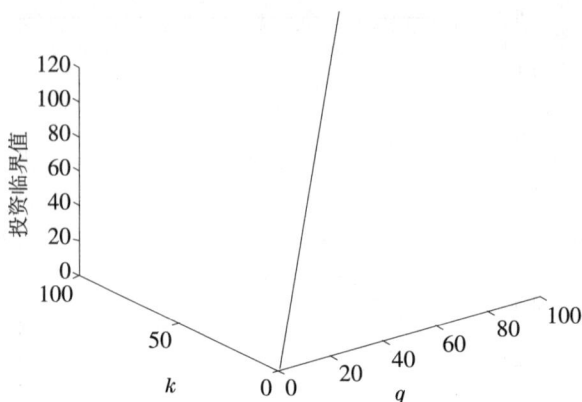

图 8-3 q,k 对投资临界值的影响

经济学直觉相吻合。

8.6 均衡投资分析及数值说明

上述的分析表明,初始投资成本和投资密度都会对均衡时的投资阈值产生影响,下面分析投资密度和投资的初始成本不对称时的均衡,可分为三种情形,并利用数值模型进行说明。

假设无风险利率为 $r = 0.04$,经营成本漂移率和方差分别为 $\mu_c = 0.02$,$\sigma_c = 0.2$,需求漂移率和方差为 $\mu_X = 0.01, \sigma_X = 0.1$,$c$ 和 X 相关系数 $\rho_{Xc} = 0.1$,市场参数需求参数是 $D(0,1) = 1, D(0,0) = 2, D(1,1) = 2.5, D(1,0) = 4$。

1. 投资密度和初始投资成本交叉占优时的均衡分析

假设两投资者的投资密度和初始投资成本分别为:$q_i = 6, k_i = 2; q_j = 4, k_j = 5$。

经过计算,两投资者的投资阈值分别为:

$K_{Li} = 5.7717, K_{Mi} = 9.61, K_{Fi} = 12.82$;

$K_{Lj} = 2.59, K_{Mj} = 6.53, K_{Fj} = 8.70$

当 $K < 2.59$ 时,两投资者均不投资;当 $K \in [2.59, 5.77)$ 时,投资者 j

作为领先者进行投资,投资者 i 在 K_{Fi} 处作为追随者投资,此时为抢先均衡;当 $K \in [5.77, 8.70)$ 时,投资者 i 抢先投资成为领先者,其均衡策略为抢先均衡;当 $K \in [8.70, 12.82)$ 时,两投资者同时投资,均衡策略为同时投资。

分析表明,当两投资者的投资密度和初始投资成本交叉占优时,两投资者均有机会成为领先者。

2. 投资密度和初始投资成本均占优时的均衡分析

假设两投资者的投资密度和初始投资成本分别为:$q_i = 6, k_i = 4; q_j = 5, k_j = 2$。显然投资者 i 比投资者 j 在两方面都占优,经过计算,两投资者的投资阈值分别为:

$$K_{Li} = 3.29, K_{Mi} = 9.71, K_{Fi} = 12.95;$$

$$K_{Lj} = 2.54, K_{Mj} = 6.43, K_{Fj} = 8.57$$

当 $K < 2.54$ 时,两投资者均不投资;当 $K \in [2.54, 3.29)$ 时,投资者 j 应立即投资成为市场的领先者,而不是等到 $K = K_{Mj}$ 时再开始投资,因为投资者 i 在 $K_{Li} = 3.29$ 时有机会投资成为领先投资者;而投资者 i 只能等到 $K = K_{Fi}$ 时再投资;当 $K \in [3.29, 6.43)$ 时,投资者 i 立刻投资成为市场的领先者,投资者 j 等到 K 达到 K_{Fj} 时再投资;当 $K \in [6.43, 8.57)$ 时,投资者 j 投资成为领先者并获得垄断收益,投资者 j 只能等到 K_{Fi} 时再投资;当 $K \in [8.57, 12.95)$ 时,投资者 j 投资成为领先者,而投资者 i 只能等到 K_{Fi} 再投资;当 $K \in [12.95, \infty)$ 时,两投资者同时投资。

分析表明,当投资者 j 的投资密度和初始投资成本均小于 i 时,其各项阈值均小于 i 的阈值,从划分的各个区间可以看出 j 的抢先进入的机会高于 i。

3. 投资密度和初始投资成本处劣势时的均衡分析

假设两投资者的投资密度和初始投资成本分别为:$q_i = 4, k_i = 2; q_j = 6, k_j = 5$,各个阈值分别为:

$$K_{Li} = 2.54, K_{Mi} = 6.43, K_{Fi} = 8.57; K_{Mj} = 9.71, K_{Fj} = 12.95,$$ 而 K_{Lj} 不存在。

当 $K \in [2.54, 6.43)$ 时,投资者 i 已经达到作为领先者的投资阈值,但

是投资者 j 的抢先阈值不存在，也就是说，j 不可能抢先进入，对 i 不造成威胁，所以投资者 i 没必要马上抢先投资成为领先者，最优策略是等待 H 达到 H_{Mi} 时投资成为领先者，此时为序列均衡；当 $K \in [6.43, 12.95)$ 时，投资者 i 总是作为领先者投资，并获得收益，此时为抢占均衡；当 $K \in [12.95, \infty)$ 时，两投资者同时投资，此时为同时均衡。

8.7　本章小结

本章通过建立二维随机条件下的不对称双寡头实物期权博弈模型，研究了二维随机条件下投资密度和投资成本对土地租赁经营投资决策的影响。当投资密度和初始投资成本比率不对称时，都会对各方投资阈值产生影响；较大的投资密度和投资成本比率都能提高投资阈值，影响投资者的投资决策；交叉占优时两投资者都有机会成为领先投资者；相对于投资成本比率的影响，租赁经营密度对投资者的投资阈值影响更大。

第 9 章　总结与展望

土地价格的形成机制是土地市场的核心,但是这个核心依赖于特定的制度环境和市场环境。当下的中国产生了一些浮躁的脱离国情的极端主张,比如主张土地的完全私有化和土地市场的完全自由化。由于中国特有的历史传统和土地资源的独有特质,坚持和完善当下的土地制度是必要的。现有土地制度的弊端可以通过工程性措施、技术性措施和制度性措施予以完善,如全国若干地方出现的土地交易所等现代金融工具,通过土地使用权证券化,可以较好地分离土地的所有权和使用权,一方面可以保证地利全民共享;另外一方面也可以发挥市场在资源配置中的基础性作用,使土地资源得到高效、合理应用,从而激发社会经济活力,推动经济社会发展。

9.1　土地产权得不到价值体现的原因分析

长期以来,中国农民的土地所有权、发展权、使用权得不到相应的价值,即体现在农村土地的成长期权、择优期权、复合期权得不到执行。其原因分析如下:

1. 中国农民的经济禀赋普遍较低

从古至今,中国的大部分农民社会禀赋普遍较低,基本上是挣扎在温饱线上。核心需求是粮食。再加上自给自足的小农经济状态,农民主要生产并消费粮食,不能也不愿关心粮食价格、其他经济作物价格或灵活经营。

2. 土地投入的技术门槛和经济门槛

由于储蓄很少或几乎没有,所以大部分农户根本没有能力进行货币形式支付的生产要素投入,只能用劳动去替代资本和技术,以达到提高粮食产量最大化的目的。因此,农民的目标不是追求利润最大化,而是小农经济状态下的粮食产量最大化,以满足生存需求。

农地生产品种的转变需要相关的生产要素投入,而土地的投入与土地制度的稳定性和完善性有明显的正相关关系。在土地家庭承包责任的制度之下,土地的分散化、非规模经营也降低了农民对土地的投资热情,因为这些投入的边际成本往往随土地规模的扩大而降低,但在目前,人均的土地拥有量狭小的情况下,农民个人也就缺少提高农业生产技术投入的积极性,来种植经济收益更好的经济作物。农民较低的文化素质和保守的心态及技术缺失,使得在选择种粮食还是经济作物的问题上,采取了保守的态度。虽然根据现有制度的规定,获得承包经营权的农民理论上有自主的经营决策权,允许农民以市场为导向,以经济效益为依据,自行安排作物的种植品种和种植面积,但事实上大量的农民还是集中在传统的粮食作物的种植上。

3. 土地产权不明晰

我国农地的流转是有关经营权的流转,是指拥有农村土地承包经营权的农户将土地经营权转让给其他农户或者经济组织。但是在我国目前的农地产权制度中,缺乏对土地占有权、使用权和转让权相关内涵的明确规定,缺少对各权利主体相关权利义务的规范,加大了土地流转的难度。关于流转中双方的权利义务该如何确定,转包、转让价格该如何协商都没有明确的说明,转让条件存在很大的随意性,增大了农户在土地流转中的交易成本;另外,由于实际上产权关系的模糊,操作起来还是存在很大的难度;此外,农民集体所有土地由本集体经济组织以外的单位或个人承包经营,必须经过村民三分之二以上成员或三分之二以上村民代表同意,并报乡(镇)人民政府批准。农户还不是真正意义上的土地使用权主体,无法完全根据家庭人口、劳力、就业收入情况和自身情况做出选择。除了在农业内部农户之间可以实现互换、转让和转包外,在农业外的商业性流转中,地方政府成为了供给主体,农村集体土地所有权和使用权的外部流转完全由政府支配,农民实质上没有任何决定权。

4. 规范的土地流转市场尚未建立,中介组织匮乏

当前我国土地流转市场的发展严重滞后于土地流转的实际需要,多数农地的流转还处于自发的阶段。由于缺乏政府与中介组织的引导与服务,多数农民主要通过直接与别人联系的方式进行承包经营权的流转。中介组织的匮乏,流转信息传播渠道的不畅通都影响了农地流转的规模、速度和效益。出现了农户有意转让,但找不到合适的受让人的现象,而真正需要土地的人又找不到合适的出让者。

5. 在农村社会保障制度的缺乏,衍生了土地的社会保障的功能

在我国目前农村社会保障制度不完善,大部分农村剩余劳动力又无法纳入城市社会保障的背景下,农民只有依附于土地来保障自己的基本生活水平。务工经商虽然收入更高,但也要承担相应的风险,因而很多农户宁可荒废也不愿意出让自己的土地,将土地作为保障生活的最后一道防线。在他们看来,拥有了土地就等于拥有了生活的退路,还可以依靠土地来养老,从而导致很多农户虽然在从事非农产业,但也不愿放弃原有土地的承包经营权。

6. 家庭土地承包制导致的耕地碎片化

农民生产经营的非规模性。由于我国人均土地面积原来就少,加上绝大部分地方在进行土地承包时采取了以人口为基数进行均分的方式,因此导致了农地的零碎化,每个农户分到的农地面积往往十分狭小。这样一来,如果承租人或者承包人想要从事农地的规模化经营与生产,就要与大量的农户进行交易与谈判,成本是巨大的,这也从一个方面影响了土地的大规模流转。

土地,如同劳动力、资金等生产要素一样,最好都是由完善的市场决定其价格,配置其使用,提高其效率。使用经济学、金融学的方法对土地定价

进行科学分析,可以对现行市场价格进行有益的补充和指导,缓解土地价格的大幅波动,以促进经济和社会的稳定。针对这一问题,理论界提出了一系列关于中国土地制度改革的方案。在此基础上,笔者结合自己的研究成果,提出了土地制度变革的若干构想。

9.2 政策建议

第一,赋予农民土地发展权,提高征地补偿标准、完善征地补偿方式。

目前,中国的土地非农化利用管制制度存在着严重缺陷,这种制度限制了集体经济组织土地发展权价值的实现,人为造成了城乡规划内外集体经济组织土地权益的不平等,扭曲了土地市场的资源配置功能,应该赋予所有集体经济组织平等的土地发展权,从而实现所有土地所有者平等的土地权益。

工业化、城镇化是中国经济社会发展的必然趋势,也是国家现代化的重要标志。农村土地的基本产权制度是以家庭承包责任制为基础、统分结合的双层经营体制。土地承包经营权、宅基地使用权、集体收益分配权等,是法律赋予农民的财产权利,无论农民是否还需要以此来作为基本保障,也无论他们是留在农村还是进入城镇,任何人都无权剥夺。在任何情况下都要尊重和保护农民以土地为核心的财产权利。

现行的征地制度是历史的产物,在我国工业化和城镇化发展过程中发挥了重要的作用。但也带来了土地城镇化超前人口城镇化的阶段性矛盾,以及各级部门对农民的土地财产权利保护不力、土地资源粗放利用等问题,特别是一些地方以农村土地属集体所有为由,肆意践踏农民的各项权利,不沟通、协商就强占和乱占农户的宅基地、承包地,损害农民的合法权益。对此,农民怨声载道,社会反响恶劣。应有必要加快修改土地管理法,推进集体土地征收制度改革。

国家应用法律制度保证农民拥有完整的土地使用权,及其所决定的土地收益权和土地发展权。例如,国家可以永久租赁的方式,将农村土地一次性分配给农民用于农业生产,以后不再进行调整和分割,为农业发展的持续投入提供动力和保障;建立以土地银行为核心的农业金融架构,以此为农民和其他农业经营者提供全面的金融服务,为农业投资创造良好的筹集资金平台和利益分享平台;创建农业生产的各项要素市场,消除抑制和阻碍农村土地流通和交易的非市场力量,消除由于非市场力量而产生的农村土地交易成本的耗散。设定一个持久而稳定的土地经营权,扩展这种权利的利益空间,使土地产权结构变迁发生对农民有利的调整。

随着中国工业化、城市化进程的快速推进,包括土地等各种要素迅速被吸收、集聚、重新组合。中国的现代化的进程一定是伴随着更多农村人口城市化的过程,伴随着更多工商企业崛起的过程。土地资源是中国工业化、城镇化的必要条件。在中国偏紧的城市建设占地计划的控制下,城市建设用地因其地理位置和市场稀缺,而具有远高于耕地的价值。

一方面要严格保护耕地,一方面要满足地方政府强烈的增加建设用地指标的要求,于是一种具有中国特色的土地制度被设计出台,这就是2004年《国务院关于深化改革严格土地管理的决定》和2005年国土资源部印发的《关于规范城镇建设用地增加和农村建设用地建设向挂钩试点工作的意见》,开始实施的"城乡建设用地增减挂钩"制度。该制度规定,农村的非农建设用地,如农民的宅基地及乡镇企业用地等,不算是耕地;地方政府若将农村节约出来的非农建设用地复垦为耕地,便可获得相应的城市建设占用耕地指标;于是,中央政府从理论上实现了耕地占补平衡原则,既没有减少耕地,又将价值低的农村建设用地指标置换成了价值高的城市建设占用耕地指标。这个制度设计的悖论在于,农村宅基地比农村耕地市场价值更高,经过复垦才变成耕地的宅基地竟然比耕地值钱得多,而复垦是要投入成本的。这个悖论背后的政治逻辑、经济逻辑值得进一步讨论。

获得城市建设的征地指标之后,地方政府还必须向城郊农民征地,才能实现农业用地到城市建设用地的转变。按《土地管理法》,国家通过地方政府征收农民土地,必须给土地所有者的村组集体以土地补偿费,给有土地承包经营权的农户以劳力安置费,给土地上的青苗等附作物以青苗或附作物补偿。其中给农民的补偿,主要是按农民从事农业生产所获取经济收入进行计算。按《土地管理法》给农民的补偿明显偏低,因为土地对农民不只是生产资料,而且与生活方式相关。对于土地的国家征用权,如果这些资产是国家为了公共利益的需要而需要的,那么实现公共利益的成本就不能由这些正好拥有国家需要的资产的个人负担,而应由国家消化,地方政府不能因为征收了农民土地,而使失地农民陷入贫困。

就当前地方政府征地所给农民补偿的总体状况而言,地方政府还应当支付失地农民补偿的数额,并改进支付补偿的方式。农民失地,并非只是失去了从事农业生产的收入来源,而是不得不改变原有生活方式,改变之前的生活模式和熟人社会的交往模式。因此,给农民的失地补偿,除考虑农业损失以外,还需要从社会关系、心理预期、生活习惯等方面考虑农民的损失,并给予一定补偿。之前城郊农民是所在村组集体土地的承包人,具有土地承包经营权,土地是农民的生产资料,征地就使农民丧失了生产资料,没有了就业机会,失去了生活来源,因此,地方政府必须给农民以就业安置。正是在土地上建立的熟人社会关系中,农民形成了自己的意义世界。现在征收了农民的土地,不仅改变了农民的生产方式,而且同时也就改变了农民的生活方式。

此外,如何进行补偿的方式也是需要研究的重大问题。农民依靠土地获得农业收入,虽然数量少,却源源不断,收入稳定,正是每年都有的稳定预期,让农民量入为出,平滑消费。通过征地得到的一次性补偿征地款,使失地农民就一次性获得了大笔现金收入,势必改变之前节俭的消费习惯和消费行为,容易出现炫耀性消费、攀比性消费、奢侈性消费,支出快速增加而收入来源却无保障,失地农民因此容易陷入贫困。从这个意义上讲,提高征地补偿标准和完善征地补偿方式,是进一步完善征地制度的重要方面。

21世纪,中国经济发展水平有了很大提高,GDP已位居全世界第二。

不能也不应再靠牺牲中国的农民土地财产权利降低中国工业化、城镇化的成本,有必要、也有条件大幅度提高农民在土地增值收益中的分配比例。要使被征地农民生活水平有提高、长远生计有保障,必须按照有利于保护农民利益和节约集约用地的原则,精心设计征地制度改革方案。应当让他们带着这些权利进城,也可以按照依法自愿有偿的原则,由他们自主流转或处置这些权利。对暂时未落户城镇的农民工,要注重从制度上促进基本公共服务全覆盖和均等化,努力解决他们在劳动报酬、子女就学、公共卫生、住房租赁、社会保障等方面的实际问题。

第二,保障农民的土地份额所有权,实化集体经济组织,防止各级政府和组织对土地权益的侵犯。

土地产权的利益主体不清晰,无法适应社会主义市场经济的客观要求。集体是农村土地名义上的所有者,由集体经济组织的管理者代行所有者的权利,但集体这个概念从内容到形式都是很模糊的,现行法律法规中,没有任何一部为其界定内涵和外延。理论上讲,集体经济组织是组织成员之间因在财产上存在共有关系而产生的经济实体,通常是股份制的一种形式。但社会现实中的集体经济组织通常是指村委会,而村委会与村民之间的关系主要表现为行政上的隶属管理关系,而不是财产共有关系,更不是市场经济意义上的股份制经济体。如果村委会为了开展多种经营活动,按《公司法》的规定程序,到工商局申领一张企业营业执照。那么,性质就发生了改变,村委会变成了企业,是一个追求自身利益最大化的利益主体。从表面上看,这是一套人马两块牌子,本质却不然。村民与村委会之间的法律关系调整的主要依据是《村民组织法》;村民与这个企业之间的法律关系调整的主要依据就会产生问题,就会有很大的不确定性。假如,村委会把农业生产中获取的资金积累投入到村委会注册的企业,但企业用这笔资金从事什么经营,经营是否能带来利润,利润是否能再运转回来用于扩大土地经营就是问题。概括地讲,集体这个所谓的土地所有权人除了承担土地发包方的角色,使农民的生存得以有理论上的依赖外,对农村土地经营并无实质性的贡献。

土地作最重要的生产资料之一,应当按照市场经济的规则去经营管理才能得以合理配置,发挥最大的价值,但严格依照土地承包制的规定,土地只能是农民的生存保障,不能进入市场进行经营和流转。

我国实行的农村土地集体所有制是一种虚化的产权制度安排,农民、集体经济组织的权利和义务都缺乏法律上的界定,而实际上,土地的管理一直被作为是国家土地管理部门的行政职能。因此,应界定好土地所有者和土地使用者之间的责、权、利内容。只有确保每个农民集体土地所有权的成员权才能根本保证集体经济组织不虚化。应采取切实有效的措施和制度重构中国的集体经济组织实体。

农村土地承包权应在独立化、长期化、商品化的基础上物权化,使承包权在经济意义上更接近农地的个人所有权,从而创造农地制度长期创新的稳定的历史基础。

第三,建立统一的土地市场,完善土地使用权的流转市场。

土地的家庭联产承包责任制的实现形式是一家一户的分散农业经营,其规模小的生产特征决定了这种制度安排可以解决农民的生存问题、温饱问题,很难解决农民的发展问题、致富问题,更无法解决中国农业的继续高效发展、提升农业产业结构和农产品竞争力的问题。

在当前中国经济发达地区,农民、农村和农业出现的种种特征,已经揭示了土地家庭联产承包制所起的作用有其历史的局限性。

土地家庭联产承包制将会进一步激化农村人口增长与耕地不断减少之间的矛盾。随着中国人口总量的增长和人口结构的变化,土地承包制的制度优势和经济效率将不复存在。从解决就业角度而言,农村土地承包制被视为解决中国农村剩余劳动力就业的"蓄水池",但这个"蓄水池"的堤坝是由有限的土地资源构筑的。而农村人口的变化和经济发展的速度却是非对称的,如果不在制度上加以改革,势必积重难返。

小农经济的生产方式已限制了农业生产的进一步发展。土地承包制将土地分撒到各家各户分小块经营,不利于农业的规模化、集约化经营。对于绝大部分收入较低的小农户而言,农业生产大多停留在简单再生产状态,无力投资、扩大经营。中国完全有能力改变当今的农业生产现状,但土地承包制下的小农经济生产方式却无法与之相适应。

因此,在既不违背现行的土地制度,又能实现农村土地经营规模的扩大的原则下,解决土地适度集中经营问题的思路是只能是农地制度的创新,其策略选择重点应是推进土地使用权的流转。适时地改革土地的家庭联产承包制,已成为经济发达地区农业发展的主要出路。从现实来看,土地流转还处于外出打工农民和务农农民之间的一种私人契约状态,缺乏必要的制度保证和法律保障,应在现有的制度框架中推进土地使用权的流转。实践证明,没有土地的适度集中经营,农业的规模化经营和农业产业化都难以发展。

农村土地应当将所有权和使用权分离,明晰产权界限,在保证农民的既得利益不损失的前提下,引入市场机制,建立农村土地使用权的经营流转制度。政府应向土地产权的所有者颁发土地权利证书,土地使用权人可以通过协商,以有偿转让、出租、入股、合作、换取社保、托管等方式将土地流转给国家投资的农业生产经营企业、农业大户或从事农业生产的村集体企业。

推进土地使用权的流转,必须借助政府公权力"有形的手"弥补市场的"无形的手"的不足,应通过发展农村经济和逐步建立农村社会保障制度来弱化乃至剥离附加在土地上的社会保障功能,还原土地的生产要素功能,实现土地资源的优化配置。土地流转仅仅依靠个人自由、意愿是不够的,还要依赖于社会的保障机制。与此同时,加大农业剩余劳动力的转移也是实现土地流转的一个必要条件。在缺乏稳定工作和收入来源的情况下,大量的农业剩余劳动力仍然不会将土地使用权转与他人。最后,全社会应帮助弱势的失地农民消除对城市和现代化生活的恐慌和畏惧心理,实现农民向市民化的平稳过渡,农民并不会一夜之间成为市民,即使成为市民也并不一定就脱离贫困和失业的困扰,现代化的文明社会应该用各种社会福利和保障制度去逐步化解这一矛盾。

中国经济发展的特色之一就是改革中走的是农村、城市二元化的经济发展道路,这一制度安排在特定历史阶段可以保证发展中国家的稳定和发展,但社会经济现代化进程的加速必然要求打破逐步增大的城乡差异,突破这一模式的历史局限性。工业文明时代的到来改变了人地的关系,社会在巨大的变革中飞速进步,经济全球化、科技尖端化、交通一体化、信息网络化,整个社会面貌发生了天翻地覆的变革。因此,历史的理性告诉我们,新时代需要我们做出一个带有全局意义的土地制度顶层设计。有计划有步骤地将国家资金及现代化工具、科技调配运用到农村的经济生产中,对农业实现资本和科技改造;妥善处理农村剩余劳动力的土地产权确认、社会保障及再就业问题。实现城市和农村的土地制度的有计划衔接。

建立统一的土地市场是打破城乡二元经济体制、实现城乡一体化的重要举措,是进入工业化社会的关键环节。此举将有助于国家统一调配资本、先进的生产工具和科技来扶持农业经济的发展,有助于将市场经济深入到农村的土地经营领域,实现土地从生存依赖到生产资料的转变。

第四,土地制度的改革和完善应该在坚持地利共享原则的基础上进行。

土地是大自然的赋予,在成熟的社会体制下,任何人都没有权力无偿地取得某块土地的所有权。一块土地价值的增加,来自几辈人的耕耘,来自社会劳动生产力的提高,来自人口的增加,来自土地所处地理位置的经济意义,其所有权应当属于全社会。改革开放以来中国取得经济发展奇迹的一个基础制度是以地利共享为基础的土地制度。

"一个世纪之前,伟大的革命先行者就提出'地尽其利、地利共享'的伟大思想。地利共享是指,在经济发展过程中,特定位置的土地会因为工商业的发展、城市建设,而具有超出之前农用价值的增值收益,这部分增值收益只与土地特定位置有关,与经济发展有关,而与土地所有者的劳动无关。既然是由整个国民经济发展所创造出来的收益,这部分增值收益就不应全归地主,更不应形成一个主要靠土地食利的食利者阶层。土地非农用的增值收益应由全民共享。"

　　中国经济增长,是全体中国人,包括农民工,当然不独指城郊农民而是全国农民,用辛勤的劳动、汗水,在工厂劳动创造的,是社会各阶层凭借智慧工作来创造的,也是新中国土地制度消灭食利阶层的制度空间所创造的,是全社会共同努力的成果,因此而来的土地利益当然应该由全社会共享[①]。

　　当代中国的基本国情,从国民经济的结构比例上说是以工业为主,但从人口结构上看,却仍是农村人口占绝大多数,农村的生产力、生产关系、生活方式、经济形态和思想观念等对经济社会发展有着很大的影响力。因此,农村土地制度改革既要有突破性又要有承接性,应以尽量保护农民既得利益为基础,明确土地的产权关系,完善现有的农村组织机构,调整其管理功能,兼顾农村地域性经济差别,配合经济发展全局,实现平稳过渡。

　　中国的土地制度改革不应该存在任何形式的意识形态障碍,因为市场化进程中国有企业的改革经历为后续改革开辟了道路。现在看来,现实的改革障碍不是来自意识形态领域,而是来源于人们的认知差异,这种认知差异会在改革方案的选择、改革过程的控制、改革效果的评价和改革后续问题的解决等环节中表现出来,分歧越大,改革的社会成本就越高。因此,在这一问题上,将农地制度改革的阻力动辄上升到意识形态领域和低估农地制度改革的现实阻力都是不正确的。

9.3　进一步研究的问题

　　现代化是以人为中心的现代化,发展是以人为中心的发展,应不拘泥于教条。任何理论都是对现实世界的简化和抽象,理论分析必须直面中国具体现象。依据产权结构的一般性内涵[②],土地制度的改革方案不论其直接指向是土地所有权,还是土地经营权,都是对产权结构的调整,由此产生的产权效率来自于制度改革对经济主体的激励效应、未来预期和行为方式的影

---

① 贺雪峰,魏继华.地利共享是中国土地制度的核心[J].学习与实践,2012(6).

② 柯武刚.制度经济学:社会秩序与公共政策[M].北京:商务印书馆,2000.

响。由于一些学者在产权问题上对大众的误导,我国所有制改革的现实路径被中国大众错误地理解,好像一提产权改革就是私有化,这种思维模式下的产权选择就剩下两种形式:公有制和私有制。一些人动辄使用的"产权神话"本质上是"私有产权神话",但可惜的是,私有产权不是万能的。事实上,在完全产权和"零产权"之间存在无数种中间状态,任何一种产权选择都有其具体结构,每一种状态在既定的制度环境中存在一个大致对应的效率结果,正如 Ostrom(1990)指出的,现实中存在许多处理不同问题的解决方法,这些制度很少像私有产权或公有产权那样泾渭分明,许多成功的公共财产制度是私有或共有两者的混合。产权改革的指向就是通过产权结构的调整来提高经济绩效。因此,产权改革可能包含着"公私"之间的转变,但更多存在的是产权结构的调整,这种调整长期存在于任何一个有产权存在的社会之中。如何利用现代金融理念,分离土地的份额所有权、使用权和发展权,发展健全土地使用权流转市场,值得制度、工程、技术等层面积极探索实践。农民对土地的份额所有权、使用权和发展权都应该得到价值体现,如何科学合理地定价这些权利从理论到实践还是一个开放的问题。

实物期权方法可以从维数、阶数、人数、线性、驱动过程五个方面予以拓展。即由一维的因素扩展为多维的因素,由一维的期权定价公式推广到多维的期权定价公式;由整数阶扩展为分数阶;无博弈因素扩展为加入博弈因素,建立期权博弈框架分析不确定加入期权定价模型形成的冲击;由线性关系拓展为非线性关系,比如神经网络期权、支持向量机期权等人工智能期权;驱动过程由几何布朗运动拓展为均值回复过程,分数布朗运动或者混合的分数布朗运动,当然这些过程的适用性还要依赖于具体的标的物的真实价格波动过程。根本的问题还在于,把一组因素纳入期权定价框架分析应该有合理性。必要的时候,亦可引入复合期权定价工具或者合适的期权类型。不足之处,方法本质上是局部均衡的方法,应该在更一般的均衡框架内探寻土地定价的重要影响因素。

参考文献

[1] Alvarez L H R. Optimal Exit and Valuation under Demand Uncertainty:a Real Option Approach[J]. European Journal of Operational Research,1999,114:320—329.

[2] Alvarez L H R,Stenbacka R. Adoption of Uncertain Multistage Technology Projects:a Real Options Approach[J]. Journal of Mathematical Economics,2001,35:71—97.

[3] Amin K,Capozza D A. Sequential Development[J]. Journal of Urban Economics,1993,34:142—158.

[4] Amin K. Jump Diffusion Option Valuation in Discrete Time[J]. Journal of Finance,1993,48:1833—1863.

[5] Anderson J E. Property Taxes and the Timing of Urban Land Development [J]. Regional Science and Urban Economics,1986,16(4):483—492.

[6] Arama M,Kulatilaka N. Real Options:Managing Strategies Investment in an Uncertain World[M]. Boston,Mass:Harvard Business School Press,1999.

[7] Arnott R J,Lewis F D. The Transition of Land to Urban Use[J]. Journal of Political Economy,1979,87(1):161—191.

[8] Arrow K,Fischer A. Environmental Preservation,Uncertainty,and Irreversibility[J]. The Quarterly Journal of Economics,1974,88(2):312—319.

[9] Bachelier L. Théorie de la Spéculation [D]. I' Ecole Noomale Supérieure, 1900 (English translation in Paul H. Cootner, ed. , The random character of stock market prices. Cambridge, MA:MIT Press, 1964:17—78).

[10] Bakshi G,Cao C,Chen Z. Empirical Performance of Alternative Option Pricing Models[J]. Journal of Finance,1997,52:2003—2049.

[11] Baldwin C,Ruback. Inflation,Uncertainty and Investment[J]. Journal of Finance,1986,41(7):657—669.

[12] Barch M,Paxson D. A Gene to Drug Venture:Poisson Options Analysis[J]. R & D Management,2001,31(2):203—214.

[13] Bar-Ilan A,Strange W C. Urban Development with Lags[J]. Journal of Urban Economics,1996,39(1):87—113.

[14] Bates D. Jumps and Stochastic Volatility:Exchange Rate Processes Implicit in Deutche Mark Options[J]. Review of Financial Studies, 1996,9:69—107.

[15] Baulhan A,Strange W C. A Model of Sequential Investment[J]. Journal of Economic Dynamics and Control,1998,22:437—463.

[16] Bebchuk L A. Using Options to Divide Value in Corporate Bankruptcy[J]. European Economic Review,2000,44:829—843.

[17] Berger P G E O,Swary I. Investor Valuation of the Abandonment Option[J]. Journal of Financial Economics,1996,42:257—287.

[18] Bernado A E,Chowdhry B. Resources,Real options and Corporate strategy[J]. Journal of Financial Economics,2002,63:211—234.

[19] Bertrand J. Théorié Mathématique de la richesse sociale[J]. Journal des Savants,1983:499—508.

[20] Birge J R, Louveaux F. Introduction to Stochastic Propramming [M]. New York:Springer Verlag,1997.

［21］ Black F,Scholes M. The Pricing of Options and Corporate Liabilities [J]. Journal of Political Economy,1973,81(5/6):637—659.

［22］ Bollen N. Real Options and Product Life Cycles[J]. Management Science,1999,45(5):670—684.

［23］ Boness A J. Elements of a Theory of Stock-Option Values [J]. Journal of Political Economics,1964,72(4):149—175.

［24］ Bore F. Valuation of Technology Using Real Options[J]. Research Technology Management,2000,43(4):26—30.

［25］ Bowman E H,Hurry D. Strategy Through the Option Lens:An Intergrated View of Resource Investments and the Incremental-Choice Process[J]. Academy of Management Review,1993,18(4):760—782.

［26］ Boyle N. Option Valuation Using a Three-Jump Process[J]. International Options Journal,1986,3:7—22.

［27］ Boyle N. A Lattice Framework for Option Pricing with Two-State Variables[J]. Journal of Financial and Quantitative Analysis,1988, 23:1—12.

［28］ Boyle P P,Vorst T. Option Replication in Discrete Time with Transactions Costs[J]. Journal of Finance,1992,47:271—293.

［29］ Boyle P,Broadie P M,Glasserman P. Monte-Carlo Methods for Security Pricing[J]. Journal of Economic Dynamics and Control,1997, 21:1267—1321.

［30］ Brennan M J,Schwartz E S. Finite Difference Method and Jump Processes Arising in the Pricing of Contingent Claims[J]. Journal of Financial and Quantitative Analysis,1978,13(9):461—471.

［31］ Brennan M J,Schwartz E S. A Continuous Time Approach to the Pricing of Bonds[J]. Journal of Banking and Finance,1979,3(2):133—155.

［32］ Brennan M J, Schwartz E S. Evaluating Natural Resource Investments[J]. Journal of Business,1985,58(4):135—158.

[33] Broadie M J C,Soner S. Optimal Replication of Contingent Claims under Portfolio Constraints[J]. Review of Financial Studies,1998, 11:59—79.

[34] Brueckner J. A Dynamic Model of Housing Production[J]. Journal of Urban Economics,1981,10(1):1—14.

[35] Bulan L,Mayer C,Somerville C T. Irreversible Investment,Real Options,and Competition:Evidence from Real Estate Development[R]. Working paper,Sauder School of Business,The University of British Columbia,2002.

[36] Buraschi A,Dumas B. The Forward Valuations of Compound Options[J]. Journal of Derivatives,2001,9:8—17.

[37] Capozza D R,Schwann G M. The Asset Approach to Pricing Urban Land: Empirical Evidence [J]. Journal of the American Real Estate&Urban Economics Association,1989,17(2):161—174.

[38] Capozza D R,Schwann G M. The Value of Risk in Real Estate Markets[J]. Journal of Real Estate Finance and Economics, 1990, 3:117—140.

[39] Cappozza D R,Helsley R W. The Stochastic City[J]. Journal of Urban Economics,1990,28:187—203.

[40] Capozza D R,Sick G A. Valuing Long-Term Leases:the Option to Redevelop[J]. Journal of Real Estate Finance and Economics,1991,4 (2):209—223.

[41] Capozza D R,Sick G A. The Risk Structure of Land Markets[J]. Journal of Urban Economics,May 1994,35(3):297—319.

[42] Cappozza D R,Li Y. The Intensity and Timing of Investment:The Case of Land[J]. American Economic Review,1994,84(4):889—904.

[43] Capozza D R,Li Y. Residential Investment and Interest Rate:an Empirical Test of Land Development as a Real Option[J]. Real Estate Economics,2001,29(3):503—519.

[44] Capozza D R,Li Y. Optimal Land Development Decisions[J]. Journal of Urban Economics,2002,51(1):123—142.

[45] Carr P. The Valuation of Sequential Exchange Opportunities[J]. Journal of Finance,1988,43(12):1235—1256.

[46] Carr P,Geman H,Madan D B. Pricing and Hedging in Incomplete Markets[J]. Journal of Financial Economics,2001,62:131—167.

[47] Childs P D,Riddiough T J,Triantis A J. Mixed Uses and the Redevelopment Option[J]. Real Estate Economics,1996,24(3):317—339.

[48] Childs P,Triantis A. Dynamic R & D Investment Policies[J]. Management Science,1999,45(10):1359—1377.

[49] Childs P D,Ott S H,Riddiough T J. Valuation and Information Acquisition Policy for Claims Written on Noisy Real Assets[J]. Financial Mangement,2001,30(2):45—75.

[50] Childs P D,Ott S H,Riddiough T J. Optimal Valuation of Noisy Real Assets[J]. Real Estate Economics,2002a, 30(3):385—414.

[51] Childs P D,Ott S H,Riddiough T J. Optimal Valuation of Claims on Noisy Real Assets:Theory and an Application[J]. Real Estate Economics,2002b,30(3):415—443.

[52] Childs P D,Ott S H,Riddiough T J. Effects of Noise on Optimal Exercise Decisions the Case of Risky Debt Secured by Renewable Lease Income[J]. Journal of Real Estate Finance and Economics,2004,28(2/3):109—121.

[53] Chu Y,Sing T F. Intensity and Timing Options for Investments in a Less than Perfectly Competitive Market[R]. Working paper,Univer-

sity of Wisconsin,School of Business,2004b.

[54] Chu Y,Sing T F. Optimal Timing of Real Estate Investment under Asymmetric Duopoly[R]. Working paper,University of Wisconsin, School of Business,2005a.

[55] Chu Y,Sing T F. Optimal Timing of Real Estate Investment under Asymmetric Duopoly[R]. Working paper,University of Wisconsin, School of Business,2005b.

[56] Chu Y. How much can Duopoly Competition Erode Option Values? [R]. Working paper,University of Wisconsin,School of Business,2005c.

[57] Chung K. Output Decision under Demand Uncertainty with Stochastic Production Function：A Contingent Claims Approach[J]. Management Science,1990,36(11):1311－1324.

[58] Chung K,Charoenwong C. Investment Options,Assets in Place,and the Risk of Stocks[J]. Financial Management,1991,20(3):21－33.

[59] Clarke H R,Reed W J. A Stochastic Analysis of Land Development Timing and Property Valuation[J]. Regional Science and Urban Economics,1988,18(3):367－382.

[60] Constantinides G M. Warrant Exercise and Bond Conversion in Competitive Markets [J]. Journal of Financial Economics, 1984, 13:371－397.

[61] Constantinides G M,Zariphopoulou T. Bounds on Prices of Contingent Claims in an Intertemporal Economy with Proportional Transactions Costs and General Preference[J]. Finance and Stochastics, 1999,3:345－369.

[62] Constantinides G M,Zariphopoulou T. Bounds on Derivative Prices in an Intertemporal Setting with Proportional Transactions Costs and Multiple Securities [J]. Mathematical Finance, 2001, 11

(3):331—346.

[63] Copeland T, Antikarov V. Real Options [M]. Texere, New York,2001.

[64] Cortazar G,Schwartz E S. A Compound Option Model of Production and Intermediate Inventories[J]. The Journal of Business,1993,66 (4):517—540.

[65] Cortazar G,Casassus J. Optimal Timing of a Mine Expansion Implementing a Real Options Model[J]. The Quarterly Review of Economics and Finance,1998,38(Special Issue):755—769.

[66] Cournot A, Bacon N T. Researches into the Mathematical Principles of the Theory of Wealth(1897)[M]. Whitefish, Montana: Kessinger publishing,2010.

[67] Courtadon G. A More Accurate Finite Difference Approximation for the Valuation of Options[J]. Journal of Financial and Quantitative Analysis,1982,17(12):697—705.

[68] Cox D R,Miller H D. The Theory of Stochastic Processes[M]. London:Chapman & Hall,1965.

[69] Cox J C,Ross S A. The Valuation of Options for Alternative Stochastic Processes [J]. Journal of Financial Economics, 1976, 3:145—166.

[70] Cox J C,Ross S A,Rubinstein M. Option Pricing:a Simplified Approach[J]. Journal of Financial Economics,1979,7(9):229—263.

[71] Cox J C,Ingersoll J,Ross S A. A Theory of the Term Structure of Interest Rates[J]. Econometrica,1985,53(2):385—407.

[72] Cunningham C R. House Price Uncertainty,Timing of Development, and Vacant Land Prices:Evidence for Real Options in Seattle[J]. Journal of Urban Economics,2006,59:1—31.

[73] Detemple J,Sundaresan S. Nontraded Asset Valuation with Portfolio Constraints:A Binomial Approach[J]. The Review of Financial Studies,1999,12(4):835—872.

[74] Dixit A K. Entry and Exit Decisions Under Uncertainty[J]. Journal of Political Economy,1989,97(6):620—638.

[75] Dixit A K. The Art of Smooth Pasting[A]. // Jacques L,Sonnenschein H. Fundamentals of Pure and Applied Economics-Vol. 55[C]. Chur,Switzerland:Harwood Academic Publishers,1993.

[76] Dixit A K,Pindyck R S. Investment under Uncertainty. [M]. 2nd ed. New Jersey:Princeton University Press,1996.

[77] Duffie D. Securities Markets:Stochastic Models[M]. San Diego. CA: Academic Press,1988.

[78] Dunn K B,Mc Connell J J. Valuation of Mortage-backed Securities [J]. Journal of Finance,Part B,1981,36(3):599—617.

[79] Dutta P K,Rustichini A. A Theory of Stopping Time Game with Applications to Product Innovation and Asset Sales[J]. Economic Theory,1993,3:743—763.

[80] Dutta P K,Rustichini A. Equilibria in Stochastic Games[J]. Journal of Economic Theory,1995,67:1—39.

[81] Edleson M E,Reinhardt. Investment in Pollution Compliance Options:The Case of Georgia Power[R]. Real Options in Capital Investment,edited by Trigeorgis L,1995:243—263.

[82] Elettra A,Rossella A. A Generalization of the Geske Formula for Compound Options [J]. Mathematical Social Sciences, 2003, 45:75—82.

[83] Emanuel D C. Warrant Valuation and Exercise Strategy[J]. Journal of Financial Economics,1983,12:211—235.

[84] Farzin Y H, Huissnian K J M, Kort P M. Optimal Timing of Technology Adoption[J]. Journal Economic Dynamics and Control, 1988, 22:779—799.

[85] Fischer S. Call Option Pricing When the Exercise Price is Uncertain, and the Valuation of Index Bonds[J]. The Journal of Finance, 1978, 33(1):169—176.

[86] Fudenberg D, Tirole J. Preemption and Rent Equalization in the Adoption of New Technology[J]. Review of Economic Studies, 1985, 52:383—401.

[87] Garlappi L. Preemption Risk and the Valuation of R & D Ventures [R]. Working paper, University of Texas at Austin, 2002.

[88] Geltner D, Riddiough T, Stojanovich S. Insights on the Effect of Land Use Choice: The Perpetual Option on the Best of Two Underlying Assets[J]. Journal of Urban Economics, 1996, 39(1):20—50.

[89] Geman H, EI Karoui N, Rochet J C. Changes of Numeraire, Changes of Probability Measure and Option Pricing[J]. Journal of Applied Probability, 1995, 32:443—458.

[90] Geske R. The Valuation of Corporate Liabilities as Compound Options[J]. Journal of Financial an Quantitative Analysis, 1977, 12 (11):541—552.

[91] Geske R. The Valuation of Compound Options[J]. Journal of Financial Economics, 1979, 7(1):63—81.

[92] Geske R, Shastri K. Valuation of Approximation: a Comparison of Alternative Approaches[J]. Journal of Financial and Quantitative Analysis, 1985, 20(3):45—72.

[93] Gompers P A. Optimal Investment, Monitoring and the Stating of Venture Capital[J]. Journal of Finance, 50(5):1461—1489.

［94］ Grenadier S R. The Persistence of Real Estate Cycles［J］. Journal of Real Estate Finance and Economics,1995,10(1):95－119.

［95］ Grenadier S R. Valuing Lease Contracts:a Real-options Approach ［J］. Journal of Financial Economics,1995,38:297－331.

［96］ Grenadier S R. Flexibility and Tenant Mix in Real Estate Projects ［J］. Journal of Urban Economics,1995,38:357－378.

［97］ Grenadier S R. Leasing and Credit Risk［J］. Journal of Financial Economics,1996,42:333－364.

［98］ Grenadier S R. The Strategic Exercise of Options:Development Cascades and Overbuilding in Real Estate Markets［J］. The Journal of Finance,1996,51(5):1653－1679.

［99］ Grenadier S R. Information Revelation Through Option Exercise［J］. The Review of Financial Studies,1999,12(1):95－129.

［100］ Grenadier S R. Option Exercise Games:an Application to the Equilibrium Investment Strategies of Firms［J］. The Review of Financial Studies,2002,15(3):691－721.

［101］ Grenadier S R,Wang N. Investment Timing,Agency,and Information［J］. Journal of Financial Economics,2005,75:493－533.

［102］ Grenadier S R. An Equilibrium Analysis of Real Estate Leases［J］. Journal of Business,2005,78(4):1173－1213.

［103］ Gu A Y. Valuing the Option to Purchase an Asset at a Proportional Discount ［J］. The Journal of Financial Research, 2002, 25 (1):99－109.

［104］ Harrison J M,Kreps D M. Martingales and Arbitrage in Multi-period Securities Markets［J］. Journal of Economic Theory,1979,2(3): 381－408.

［105］ Harsanyi J. Games with Incomplete Information Played by Bayesian

Players[J]. Management Science, 1967—1968, 14(3,5,7):159—182,320—334,486—502.

[106] He H. Convergence from Discrete-to Continuous-Time Contingent Claims Prices [J]. The Review of Financial Studies, 1990, 3 (4):523—546.

[107] Herath H S B, Park C S. Economic Analysis of R & D Projects: an Options Approach [J]. The Engineering Economist, 1999, 44 (1):1—35.

[108] Herath H S B, Park C S. Multi-Stage Capital Investment Opportunities as Compound Real Options[J]. The Engineering Economist, 2002,47(1):1—27.

[109] Heston D G, Rogers L C G. Complete Models with Stochastic Volatility[J]. Mathematical Finance, 1988, 8:27—28.

[110] Heston S. A Closed Form Solution for Options with Stochastic Volatility with Applications to Bond and Currency Options[J]. Review of Financial Studies, 1993, 6:327—343.

[111] Hodder J E, Riggs H E. Pitfalls in Evaluating Risky Projects[J]. Harvard Business Review, 1985(2/3):128—135.

[112] Holland S, Ott S, Riddiough. The Role of Uncertainty in Investment: an Examination of Competing Investment—153—Models Using Commercial Real Estate Data[J]. Real Estate Economics, 2000,28(1):33—64.

[113] Huang C, Litzenberger R H. Foundations for Financial Economics [M]. New York: Elsevier Science Publishers, 1990.

[114] Huisman K J M, Kort P M. Effects of Strategic Interactions on the Option Value of Waiting[R]. Working paper, No. 9992. Netherlands: CentER, Tilburg University, 1999.

[115] Huisman K J M,Kort P M,Pawlina G,Thijssen J J J. Strategic Investment under Uncertainty:Merging Real Options with Game Theory[R]. Tilburg University,Netherlands,2003.

[116] Hull J,White A. The Pricing of Options on Assets with Stochastic Volatilities[J]. 1987,42:281—300.

[117] Hull J,White A. Valuing Derivative Securities Using the Explicit Finite Difference Method[J]. Journal of Financial and Quantitative Analysis,1990,25(1):87—100.

[118] Hull J C. Options,Futures,and Other Derivatives[M]. 8th ed. Upper Saddle River,NJ:Prentice-Hall,2011.

[119] Ingersoll J. A Theoretical Model and Empirical Investigation of the Dual Purpose Funds:an Application of Contingent-Claims Analysis [J]. Journal of Financial Economics,1976,3(1/2):82—123.

[120] Ingersoll J, Ross S. Waiting to Invest:Investment and Uncertainty [J]. Journal of Busines,1992,65(1):1—29.

[121] Jagle A. Shareholder Value,Real Options,and Innovation in Technology-Intensive Companies[J]. R & D Management,1999,29(3): 271—290.

[122] 曹振良等.房地产经济学通论[M].北京:北京大学出版社,2003.

[123] 姜礼尚.期权定价的数学模型和方法[M].北京:高等教育出版社,2003.

[124] 邵宇.微观金融学及其数学基础[M].北京:清华大学出版社,2003.

[125] 杨春鹏.实物期权及其应用[M].上海:复旦大学出版社,2003.

[126] 徐爽,李宏瑾.土地定价的实物期权方法:以中国土地交易市场为例[J].世界经济,2007(8).

[127] 黄祖辉,汪晖.非公共利益性质的征地行为与土地发展权补偿[J].经济研究,2002(5).

[128] 汪晖.公共利益、征地范围与公平补偿[J].经济学季刊,2004(1).

[129] 陶然,徐志刚.城市化、农地制度与迁移人口社会保障[J].经济研究,2005(12).

[130] 曲福田,高艳梅,姜海.我国土地管理政策:理论命题与机制转变[J].管理世界,2005(4).

[131] 钱忠好.土地征用:均衡与非均衡——对现行中国土地征用制度的经济分析[J].管理世界,2004(12).

[132] 张宏斌,贾生华.土地非农化调控机制分析[J].经济研究,2001(12).

[133] 李涛,叶依广,孙文华.农村集体土地所有权流转的交易成本分析[J].中国农村经济,2004(12).

[134] 陈利根,陈会广.土地征用制度的改革与创新:一个经济分析框架[J].中国农村观察,2003(6).

[135] 弗里德曼.价格理论[M].商务印书馆,1994.

[136] 丁洪建等.基于社会燃烧理论的中国土地储备制度产生与发展研究[J].中国土地科学,2003(8).

[137] 曹立天,王道平,刘正刚.基于双因素随机变动的石油投资期权博弈分析[J].技术经济与管理研究,2008,3:6—7,10.

[138] 余冬平.基于二重随机因素的对称双头垄断期权博弈模型[J].中国管理科学,2007a,15(5):12—15.

[139] 张国兴,郭菊娥,刘东霖.建设时间和投资成本不对称的双寡头期权博弈模型[J].管理科学,2008,21(4):75—81.

[140] 吴敬琏.中国经济改革教程[M].上海:上海远东出版社,2010.

[141] 朱道林.完善土地价格的市场机制[N].中国国土资源报,2006.

[142] 贺雪峰,魏继华.地利共享是中国土地制度的核心[J].学习与实践,2012(6).

[143] 吴萍.农村土地流转:基于现代经济学范式的理论分析与实证研究[D].重庆:重庆大学,2010.

附录一

中华人民共和国土地管理法

1986 年 6 月 25 日第六届全国人民代表大会常务委员会第十六次会议通过，1986 年 6 月 25 日中华人民共和国主席令第四十一号公布，自 1987 年 1 月 1 日起施行。

1988 年 12 月 29 日第七届全国人民代表大会常务委员会第五次会议通过，1988 年 12 月 29 日中华人民共和国主席令第十二号公布，自公布之日起施行。

2004 年 8 月 28 日第十届全国人民代表大会常务委员会第十一次会议通过《全国人民代表大会常务委员会关于修改〈中华人民共和国土地管理法〉的决定》，现予公布，自公布之日起施行。

目 录

第七章 法律责任

第八章 附 则

第一章 总 则

第一条 为了加强土地管理,维护土地的社会主义公有制,保护、开发土地资源,合理利用土地,切实保护耕地,促进社会经济的可持续发展,根据宪法,制定本法。

第二条 中华人民共和国实行土地的社会主义公有制,即全民所有制和劳动群众集体所有制。

全民所有,即国家所有土地的所有权由国务院代表国家行使。

任何单位和个人不得侵占、买卖或者以其他形式非法转让土地。土地使用权可以依法转让。

国家为了公共利益的需要,可以依法对土地实行征收或者征用并给予补偿。

国家依法实行国有土地有偿使用制度。但是,国家在法律规定的范围内划拨国有土地使用权的除外。

第三条 十分珍惜、合理利用土地和切实保护耕地是我国的基本国策。各级人民政府应当采取措施,全面规划,严格管理,保护、开发土地资源,制止非法占用土地的行为。

第四条 国家实行土地用途管制制度。

国家编制土地利用总体规划,规定土地用途,将土地分为农用地、建设用地和未利用地。严格限制农用地转为建设用地,控制建设用地总量,对耕地实行特殊保护。

前款所称农用地是指直接用于农业生产的土地,包括耕地、林地、草地、农田水利用地、养殖水面等;建设用地是指建造建筑物、构筑物的土地,包括城乡住宅和公共设施用地、工矿用地、交通水利设施用地、旅游用地、军事设施用地等;未利用地是指农用地和建设用地以外的土地。

使用土地的单位和个人必须严格按照土地利用总体规划确定的用途使用土地。

第五条 国务院土地行政主管部门统一负责全国土地的管理和监督工作。

县级以上地方人民政府土地行政主管部门的设置及其职责,由省、自治区、直辖市人民政府根据国务院有关规定确定。

第六条 任何单位和个人都有遵守土地管理法律、法规的义务,并有权对违反土地管理法律、法规的行为提出检举和控告。

第七条 在保护和开发土地资源、合理利用土地以及进行有关的科学研究等方面成绩显著的单位和个人,由人民政府给予奖励。

第二章 土地的所有权和使用权

第八条 城市市区的土地属于国家所有。

农村和城市郊区的土地,除由法律规定属于国家所有的以外,属于农民集体所有;宅基地和自留地、自留山,属于农民集体所有。

第九条 国有土地和农民集体所有的土地,可以依法确定给单位或者个人使用。使用土地的单位和个人,有保护、管理和合理利用土地的义务。

第十条 农民集体所有的土地依法属于村农民集体所有的,由村集体经济组织或者村民委员会经营、管理;已经分别属于村内两个以上农村集体经济组织的农民集体所有的,由村内各该农村集体经济组织或者村民小组经营、管理;已经属于乡(镇)农民集体所有的,由乡(镇)农村集体经济组织经营、管理。

第十一条 农民集体所有的土地,由县级人民政府登记造册,核发证书,确认所有权。

单位和个人依法使用的国有土地,由县级以上人民政府登记造册,核发证书,确认使用权;其中,中央国家机关使用的国有土地的具体登记发证机关,由国务院确定。

确认林地、草原的所有权或者使用权,确认水面、滩涂的养殖使用权,分别依照《中华人民共和国森林法》、《中华人民共和国草原法》和《中华人民共和国渔业法》的有关规定办理。

第十二条 依法改变土地权属和用途的,应当办理土地变更登记手续。

第十三条 依法登记的土地的所有权和使用权受法律保护,任何单位和个人不得侵犯。

第十四条 农民集体所有的土地由本集体经济组织的成员承包经营,从事种植业、林业、畜牧业、渔业生产。土地承包经营期限为三十年。发包方和承包方应当订立承包合同,约定双方的权利和义务。承包经营土地的农民有保护和按照承包合同约定的用途合理利用土地的义务。农民的土地承包经营权受法律保护。

在土地承包经营期限内,对个别承包经营者之间承包的土地进行适当调整的,必须经村民会议三分之二以上成员或者三分之二以上村民代表的同意,并报乡(镇)人民政府和县级人民政府农业行政主管部门批准。

第十五条 国有土地可以由单位或者个人承包经营,从事种植业、林业、畜牧业、渔业生产。农民集体所有的土地,可以由本集体经济组织以外的单位或者个人承包经营,从事种植业、林业、畜牧业、渔业生产。发包方和承包方应当订立承包合同,约定双方的权利和义务。土地承包经营的期限由承包合同约定。承包经营土地的单位和个人,有保护和按照承包合同约定的用途合理利用土地的义务。

农民集体所有的土地由本集体经济组织以外的单位或者个人承包经营的,必须经村民会议三分之二以上成员或者三分之二以上村民代表的同意,并报乡(镇)人民政府批准。

第十六条 土地所有权和使用权争议,由当事人协商解决;协商不成的,由人民政府处理。

单位之间的争议,由县级以上人民政府处理;个人之间、个人与单位之间的争议,由乡级人民政府或者县级以上人民政府处理。

当事人对有关人民政府的处理决定不服的,可以自接到处理决定通知之日起 30 日内,向人民法院起诉。

在土地所有权和使用权争议解决前,任何一方不得改变土地利用现状。

第三章　土地利用总体规划

第十七条　各级人民政府应当依据国民经济和社会发展规划、国土整治和资源环境保护的要求、土地供给能力以及各项建设对土地的需求,组织编制土地利用总体规划。

土地利用总体规划的规划期限由国务院规定。

第十八条　下级土地利用总体规划应当依据上一级土地利用总体规划编制。

地方各级人民政府编制的土地利用总体规划中的建设用地总量不得超过上一级土地利用总体规划确定的控制指标,耕地保有量不得低于上一级土地利用总体规划确定的控制指标。

省、自治区、直辖市人民政府编制的土地利用总体规划,应当确保本行政区域内耕地总量不减少。

第十九条　土地利用总体规划按照下列原则编制:

(一)严格保护基本农田,控制非农业建设占用农用地;

(二)提高土地利用率;

(三)统筹安排各类、各区域用地;

(四)保护和改善生态环境,保障土地的可持续利用;

(五)占用耕地与开发复垦耕地相平衡。

第二十条　县级土地利用总体规划应当划分土地利用区,明确土地用途。

乡(镇)土地利用总体规划应当划分土地利用区,根据土地使用条件,确定每一块土地的用途,并予以公告。

第二十一条 土地利用总体规划实行分级审批。

省、自治区、直辖市的土地利用总体规划,报国务院批准。

省、自治区人民政府所在地的市、人口在一百万以上的城市以及国务院指定的城市的土地利用总体规划,经省、自治区人民政府审查同意后,报国务院批准。

本条第二款、第三款规定以外的土地利用总体规划,逐级上报省、自治区、直辖市人民政府批准;其中,乡(镇)土地利用总体规划可以由省级人民政府授权的设区的市、自治州人民政府批准。

土地利用总体规划一经批准,必须严格执行。

第二十二条 城市建设用地规模应当符合国家规定的标准,充分利用现有建设用地,不占或者少占农用地。

城市总体规划、村庄和集镇规划,应当与土地利用总体规划相衔接,城市总体规划、村庄和集镇规划中建设用地规模不得超过土地利用总体规划确定的城市和村庄、集镇建设用地规模。

在城市规划区内、村庄和集镇规划区内,城市和村庄、集镇建设用地应当符合城市规划、村庄和集镇规划。

第二十三条 江河、湖泊综合治理和开发利用规划,应当与土地利用总体规划相衔接。在江河、湖泊、水库的管理和保护范围以及蓄洪滞洪区内,土地利用应当符合江河、湖泊综合治理和开发利用规划,符合河道、湖泊行洪、蓄洪和输水的要求。

第二十四条 各级人民政府应当加强土地利用计划管理,实行建设用地总量控制。

土地利用年度计划,根据国民经济和社会发展计划、国家产业政策、土地利用总体规划以及建设用地和土地利用的实际状况编制。土地利用年度计划的编制审批程序与土地利用总体规划的编制审批程序相同,一经审批下达,必须严格执行。

第二十五条　省、自治区、直辖市人民政府应当将土地利用年度计划的执行情况列为国民经济和社会发展计划执行情况的内容,向同级人民代表大会报告。

第二十六条　经批准的土地利用总体规划的修改,须经原批准机关批准;未经批准,不得改变土地利用总体规划确定的土地用途。

经国务院批准的大型能源、交通、水利等基础设施建设用地,需要改变土地利用总体规划的,根据国务院的批准文件修改土地利用总体规划。

经省、自治区、直辖市人民政府批准的能源、交通、水利等基础设施建设用地,需要改变土地利用总体规划的,属于省级人民政府土地利用总体规划批准权限内的,根据省级人民政府的批准文件修改土地利用总体规划。

第二十七条　国家建立土地调查制度。

县级以上人民政府土地行政主管部门会同同级有关部门进行土地调查。土地所有者或者使用者应当配合调查,并提供有关资料。

第二十八条　县级以上人民政府土地行政主管部门会同同级有关部门根据土地调查成果、规划土地用途和国家制定的统一标准,评定土地等级。

第二十九条　国家建立土地统计制度。

县级以上人民政府土地行政主管部门和同级统计部门共同制定统计调查方案,依法进行土地统计,定期发布土地统计资料。土地所有者或者使用者应当提供有关资料,不得虚报、瞒报、拒报、迟报。

土地行政主管部门和统计部门共同发布的土地面积统计资料是各级人民政府编制土地利用总体规划的依据。

第三十条　国家建立全国土地管理信息系统,对土地利用状况进行动态监测。

第四章　耕地保护

第三十一条　国家保护耕地,严格控制耕地转为非耕地。

国家实行占用耕地补偿制度。非农业建设经批准占用耕地的,按照"占多少,垦多少"的原则,由占用耕地的单位负责开垦与所占用耕地的数量和质量相当的耕地;没有条件开垦或者开垦的耕地不符合要求的,应当按照省、自治区、直辖市的规定缴纳耕地开垦费,专款用于开垦新的耕地。

省、自治区、直辖市人民政府应当制定开垦耕地计划,监督占用耕地的单位按照计划开垦耕地或者按照计划组织开垦耕地,并进行验收。

第三十二条 县级以上地方人民政府可以要求占用耕地的单位将所占用耕地耕作层的土壤用于新开垦耕地、劣质地或者其他耕地的土壤改良。

第三十三条 省、自治区、直辖市人民政府应当严格执行土地利用总体规划和土地利用年度计划,采取措施,确保本行政区域内耕地总量不减少;耕地总量减少的,由国务院责令在规定期限内组织开垦与所减少耕地的数量与质量相当的耕地,并由国务院土地行政主管部门会同农业行政主管部门验收。个别省、直辖市确因土地后备资源匮乏,新增建设用地后,新开垦耕地的数量不足以补偿所占用耕地的数量的,必须报经国务院批准减免本行政区域内开垦耕地的数量,进行易地开垦。

第三十四条 国家实行基本农田保护制度。下列耕地应当根据土地利用总体规划划入基本农田保护区,严格管理:

(一)经国务院有关主管部门或者县级以上地方人民政府批准确定的粮、棉、油生产基地内的耕地;

(二)有良好的水利与水土保持设施的耕地,正在实施改造计划以及可以改造的中、低产田;

(三)蔬菜生产基地;

(四)农业科研、教学试验田;

(五)国务院规定应当划入基本农田保护区的其他耕地。

各省、自治区、直辖市划定的基本农田应当占本行政区域内耕地的百分之八十以上。

基本农田保护区以乡(镇)为单位进行划区定界,由县级人民政府土地行政主管部门会同同级农业行政主管部门组织实施。

第三十五条　各级人民政府应当采取措施,维护排灌工程设施,改良土壤,提高地力,防止土地荒漠化、盐渍化、水土流失和污染土地。

第三十六条　非农业建设必须节约使用土地,可以利用荒地的,不得占用耕地;可以利用劣地的,不得占用好地。

禁止占用耕地建窑、建坟或者擅自在耕地上建房、挖砂、采石、采矿、取土等。

禁止占用基本农田发展林果业和挖塘养鱼。

第三十七条　禁止任何单位和个人闲置、荒芜耕地。已经办理审批手续的非农业建设占用耕地,一年内不用而又可以耕种并收获的,应当由原耕种该幅耕地的集体或者个人恢复耕种,也可以由用地单位组织耕种;一年以上未动工建设的,应当按照省、自治区、直辖市的规定缴纳闲置费;连续二年未使用的,经原批准机关批准,由县级以上人民政府无偿收回用地单位的土地使用权;该幅土地原为农民集体所有的,应当交由原农村集体经济组织恢复耕种。

在城市规划区范围内,以出让方式取得土地使用权进行房地产开发的闲置土地,依照《中华人民共和国城市房地产管理法》的有关规定办理。

承包经营耕地的单位或者个人连续二年弃耕抛荒的,原发包单位应当终止承包合同,收回发包的耕地。

第三十八条　国家鼓励单位和个人按照土地利用总体规划,在保护和改善生态环境、防止水土流失和土地荒漠化的前提下,开发未利用的土地;适宜开发为农用地的,应当优先开发成农用地。

国家依法保护开发者的合法权益。

第三十九条　开垦未利用的土地,必须经过科学论证和评估,在土地利用总体规划划定的可开垦的区域内,经依法批准后进行。禁止毁坏森林、草原开垦耕地,禁止围湖造田和侵占江河滩地。

根据土地利用总体规划,对破坏生态环境开垦、围垦的土地,有计划有步骤地退耕还林、还牧、还湖。

第四十条　开发未确定使用权的国有荒山、荒地、荒滩从事种植业、林业、畜牧业、渔业生产的,经县级以上人民政府依法批准,可以确定给开发单位或者个人长期使用。

第四十一条　国家鼓励土地整理。县、乡(镇)人民政府应当组织农村集体经济组织,按照土地利用总体规划,对田、水、路、林、村综合整治,提高耕地质量,增加有效耕地面积,改善农业生产条件和生态环境。

地方各级人民政府应当采取措施,改造中、低产田,整治闲散地和废弃地。

第四十二条　因挖损、塌陷、压占等造成土地破坏,用地单位和个人应当按照国家有关规定负责复垦;没有条件复垦或者复垦不符合要求的,应当缴纳土地复垦费,专项用于土地复垦。复垦的土地应当优先用于农业。

第五章　建设用地

第四十三条　任何单位和个人进行建设,需要使用土地的,必须依法申请使用国有土地;但是,兴办乡镇企业和村民建设住宅经依法批准使用本集体经济组织农民集体所有的土地的,或者乡(镇)村公共设施和公益事业建设经依法批准使用农民集体所有的土地的除外。

前款所称依法申请使用的国有土地包括国家所有的土地和国家征收的原属于农民集体所有的土地。

第四十四条　建设占用土地,涉及农用地转为建设用地的,应当办理农用地转用审批手续。

省、自治区、直辖市人民政府批准的道路、管线工程和大型基础设施建设项目、国务院批准的建设项目占用土地,涉及农用地转为建设用地的,由国务院批准。

在土地利用总体规划确定的城市和村庄、集镇建设用地规模范围内,为实施该规划而将农用地转为建设用地的,按土地利用年度计划分批次由原批准土地利用总体规划的机关批准。在已批准的农用地转用范围内,具体建设项目用地可以由市、县人民政府批准。

本条第二款、第三款规定以外的建设项目占用土地,涉及农用地转为建设用地的,由省、自治区、直辖市人民政府批准。

第四十五条 征收下列土地的,由国务院批准:

(一)基本农田;

(二)基本农田以外的耕地超过 35 公顷的;

(三)其他土地超过七十公顷的。

征收前款规定以外的土地的,由省、自治区、直辖市人民政府批准,并报国务院备案。

征收农用地的,应当依照本法第四十四条的规定先行办理农用地转用审批。其中,经国务院批准农用地转用的,同时办理征地审批手续,不再另行办理征地审批;经省、自治区、直辖市人民政府在征地批准权限内批准农用地转用的,同时办理征地审批手续,不再另行办理征地审批,超过征地批准权限的,应当依照本条第一款的规定另行办理征地审批。

第四十六条 国家征收土地的,依照法定程序批准后,由县级以上地方人民政府予以公告并组织实施。

被征用土地的所有权人、使用权人应当在公告规定期限内,持土地权属证书到当地人民政府土地行政主管部门办理征地补偿登记。

第四十七条 征收土地的,按照被征收土地的原用途给予补偿。

征收耕地的补偿费用包括土地补偿费、安置补助费以及地上附着物和青苗的补偿费。征收耕地的土地补偿费,为该耕地被征收前三年平均年产值的六至十倍。征收耕地的安置补助费,按照需要安置的农业人口数计算。需要安置的农业人口数,按照被征收的耕地数量除以征地前被征收单位平均每人占有耕地的数量计算。每一个需要安置的农业人口的安置补助费标准,为该耕地被征收前三年平均年产值的四至六倍。但是,每公顷被征收耕地的安置补助费,最高不得超过被征收前三年平均年产值的十五倍。

征收其他土地的土地补偿费和安置补助费标准,由省、自治区、直辖市参照征收耕地的土地补偿费和安置补助费的标准规定。

被征收土地上的附着物和青苗的补偿标准,由省、自治区、直辖市规定。

征收城市郊区的菜地,用地单位应当按照国家有关规定缴纳新菜地开发建设基金。

依照本条第二款的规定支付土地补偿费和安置补助费,尚不能使需要安置的农民保持原有生活水平的,经省、自治区、直辖市人民政府批准,可以增加安置补助费。但是,土地补偿费和安置补助费的总和不得超过土地被征收前三年平均年产值的三十倍。

国务院根据社会、经济发展水平,在特殊情况下,可以提高征收耕地的土地补偿费和安置补助费的标准。

第四十八条 征地补偿安置方案确定后,有关地方人民政府应当公告,并听取被征地的农村集体经济组织和农民的意见。

第四十九条 被征地的农村集体经济组织应当将征收土地的补偿费用的收支状况向本集体经济组织的成员公布,接受监督。

禁止侵占、挪用被征用土地单位的征地补偿费用和其他有关费用。

第五十条 地方各级人民政府应当支持被征地的农村集体经济组织和农民从事开发经营,兴办企业。

第五十一条 大中型水利、水电工程建设征收土地的补偿费标准和移民安置办法,由国务院另行规定。

第五十二条 建设项目可行性研究论证时,土地行政主管部门可以根据土地利用总体规划、土地利用年度计划和建设用地标准,对建设用地有关事项进行审查,并提出意见。

第五十三条 经批准的建设项目需要使用国有建设用地的,建设单位应当持法律、行政法规规定的有关文件,向有批准权的县级以上人民政府土地行政主管部门提出建设用地申请,经土地行政主管部门审查,报本级人民政府批准。

第五十四条 建设单位使用国有土地,应当以出让等有偿使用方式取得;但是,下列建设用地,经县级以上人民政府依法批准,可以以划拨方式取得:

(一)国家机关用地和军事用地;

(二)城市基础设施用地和公益事业用地;

(三)国家重点扶持的能源、交通、水利等基础设施用地;

(四)法律、行政法规规定的其他用地。

第五十五条 以出让等有偿使用方式取得国有土地使用权的建设单位,按照国务院规定的标准和办法,缴纳土地使用权出让金等土地有偿使用费和其他费用后,方可使用土地。

自本法施行之日起,新增建设用地的土地有偿使用费,百分之三十上缴中央财政,百分之七十留给有关地方人民政府,都专项用于耕地开发。

第五十六条 建设单位使用国有土地的,应当按照土地使用权出让等有偿使用合同的约定或者土地使用权划拨批准文件的规定使用土地;确需改变该幅土地建设用途的,应当经有关人民政府土地行政主管部门同意,报原批准用地的人民政府批准。其中,在城市规划区内改变土地用途的,在报批前,应当先经有关城市规划行政主管部门同意。

第五十七条 建设项目施工和地质勘查需要临时使用国有土地或者农民集体所有的土地的,由县级以上人民政府土地行政主管部门批准。其中,在城市规划区内的临时用地,在报批前,应当先经有关城市规划行政主管部门同意。土地使用者应当根据土地权属,与有关土地行政主管部门或者农村集体经济组织、村民委员会签订临时使用土地合同,并按照合同的约定支付临时使用土地补偿费。

临时使用土地的使用者应当按照临时使用土地合同约定的用途使用土地,并不得修建永久性建筑物。

临时使用土地期限一般不超过二年。

第五十八条 有下列情形之一的,由有关人民政府土地主管部门报经原批准用地的人民政府或者有批准权的人民政府批准,可以收回国有土地使用权:

(一)为公共利益需要使用土地的;

(二)为实施城市规划进行旧城区改建,需要调整使用土地的;

(三)土地出让等有偿使用合同约定的使用期限届满,土地使用者未申请续期或者申请续期未获批准的;

(四)因单位撤销、迁移等原因,停止使用原划拨的国有土地的;

(五)公路、铁路、机场、矿场等经核准报废的。

依照前款第(一)项、第(二)项的规定收回国有土地使用权的,对土地使用权人应当给予适当补偿。

第五十九条 乡镇企业、乡(镇)村公共设施、公益事业、农村村民住宅等乡(镇)村建设,应当按照村庄和集镇规划,合理布局,综合开发,配套建设;建设用地,应当符合乡(镇)土地利用总体规划和土地利用年度计划,并依照本法第四十四条、第六十条、第六十一条、第六十二条的规定办理审批手续。

第六十条 农村集体经济组织使用乡(镇)土地利用总体规划确定的建设用地兴办企业或者与其他单位、个人以土地使用权入股、联营等形式共同举办企业的,应当持有关批准文件,向县级以上地方人民政府土地行政主管部门提出申请,按照省、自治区、直辖市规定的批准权限,由县级以上地方人民政府批准;其中,涉及占用农用地的,依照本法第四十四条的规定办理审批手续。

按照前款规定兴办企业的建设用地,必须严格控制。省、自治区、直辖市可以按照乡镇企业的不同行业和经营规模,分别规定用地标准。

第六十一条 乡(镇)村公共设施、公益事业建设,需要使用土地的,经乡(镇)人民政府审核,向县级以上地方人民政府土地行政主管部门提出申请,按照省、自治区、直辖市规定的批准权限,由县级以上地方人民政府批准;其中,涉及占用农用地的,依照本法第四十四条的规定办理审批手续。

第六十二条 农村村民一户只能拥有一处宅基地,其宅基地的面积不得超过省、自治区、直辖市规定的标准。

农村村民建住宅,应当符合乡(镇)土地利用总体规划,并尽量使用原有的宅基地和村内空闲地。

农村村民住宅用地,经乡(镇)人民政府审核,由县级人民政府批准;其中,涉及占用农用地的,依照本法第四十四条的规定办理审批手续。

农村村民出卖、出租住房后,再申请宅基地的,不予批准。

第六十三条 农民集体所有的土地的使用权不得出让、转让或者出租用于非农业建设;但是,符合土地利用总体规划并依法取得建设用地的企业,因破产、兼并等情形致使土地使用权依法发生转移的除外。

第六十四条 在土地利用总体规划制定前已建的不符合土地利用总体规划确定的用途的建筑物、构筑物,不得重建、扩建。

第六十五条 有下列情形之一的,农村集体经济组织报经原批准用地的人民政府批准,可以收回土地使用权:

(一)为乡(镇)村公共设施和公益事业建设,需要使用土地的;

(二)不按照批准的用途使用土地的;

(三)因撤销、迁移等原因而停止使用土地的。

依照前款第(一)项规定收回农民集体所有的土地的,对土地使用权人应当给予适当补偿。

第六章 监督检查

第六十六条 县级以上人民政府土地行政主管部门对违反土地管理法律、法规的行为进行监督检查。

土地管理监督检查人员应当熟悉土地管理法律、法规,忠于职守、秉公执法。

第六十七条 县级以上人民政府土地行政主管部门履行监督检查职责

时,有权采取下列措施:

（一）要求被检查的单位或者个人提供有关土地权利的文件和资料,进行查阅或者予以复制;

（二）要求被检查的单位或者个人就有关土地权利的问题作出说明;

（三）进入被检查单位或者个人非法占用的土地现场进行勘测;

（四）责令非法占用土地的单位或者个人停止违反土地管理法律、法规的行为。

第六十八条　土地管理监督检查人员履行职责,需要进入现场进行勘测、要求有关单位或者个人提供文件、资料和作出说明的,应当出示土地管理监督检查证件。

第六十九条　有关单位和个人对县级以上人民政府土地行政主管部门就土地违法行为进行的监督检查应当支持与配合,并提供工作方便,不得拒绝与阻碍土地管理监督检查人员依法执行职务。

第七十条　县级以上人民政府土地行政主管部门在监督检查工作中发现国家工作人员的违法行为,依法应当给予行政处分的,应当依法予以处理;自己无权处理的,应当向同级或者上级人民政府的行政监察机关提出行政处分建议书,有关行政监察机关应当依法予以处理。

第七十一条　县级以上人民政府土地行政主管部门在监督检查工作中发现土地违法行为构成犯罪的,应当将案件移送有关机关,依法追究刑事责任;不构成犯罪的,应当依法给予行政处罚。

第七十二条　依照本法规定应当给予行政处罚,而有关土地行政主管部门不给予行政处罚的,上级人民政府土地行政主管部门有权责令有关土地行政主管部门作出行政处罚决定或者直接给予行政处罚,并给予有关土地行政主管部门的负责人行政处分。

第七章　法律责任

第七十三条　买卖或者以其他形式非法转让土地的,由县级以上人民政府土地行政主管部门没收违法所得;对违反土地利用总体规划擅自将农用地改为建设用地的,限期拆除在非法转让的土地上新建的建筑物和其他设施,恢复土地原状,对符合土地利用总体规划的,没收在非法转让的土地上新建的建筑物和其他设施;可以并处罚款;对直接负责的主管人员和其他直接责任人员,依法给予行政处分,构成犯罪的,依法追究刑事责任。

第七十四条 违反本法规定,占用耕地建窑、建坟或者擅自在耕地上建房、挖砂、采石、采矿、取土等,破坏种植条件的,或者因开发土地造成土地荒漠化、盐渍化的,由县级以上人民政府土地行政主管部门责令限期改正或者治理,可以并处罚款;构成犯罪的,依法追究刑事责任。

第七十五条 违反本法规定,拒不履行土地复垦义务的,由县级以上人民政府土地行政主管部门责令限期改正;逾期不改正的,责令缴纳复垦费,专项用于土地复垦,可以处以罚款。

第七十六条 未经批准或者采取欺骗手段骗取批准,非法占用土地的,由县级以上人民政府土地行政主管部门责令退还非法占用的土地,对违反土地利用总体规划擅自将农用地改为建设用地的,限期拆除在非法占用的土地上新建的建筑物和其他设施,恢复土地原状,对符合土地利用总体规划的,没收在非法占用的土地上新建的建筑物和其他设施,可以并处罚款;对非法占用土地单位的直接负责的主管人员和其他直接责任人员,依法给予行政处分;构成犯罪的,依法追究刑事责任。

超过批准的数量占用土地,多占的土地以非法占用土地论处。

第七十七条 农村村民未经批准或者采取欺骗手段骗取批准,非法占用土地建住宅的,由县级以上人民政府土地行政主管部门责令退还非法占用的土地,限期拆除在非法占用的土地上新建的房屋。

超过省、自治区、直辖市规定的标准,多占的土地以非法占用土地论处。

第七十八条 无权批准征收、使用土地的单位或者个人非法批准占用土地的,超越批准权限非法批准占用土地的,不按照土地利用总体规划确定的用途批准用地的,或者违反法律规定的程序批准占用、征收土地的,其批准文件无效,对非法批准征收、使用土地的直接负责的主管人员和其他直接责任人员,依法给予行政处分;构成犯罪的,依法追究刑事责任。

非法批准、使用的土地应当收回,有关当事人拒不归还的,以非法占用土地论处。

非法批准征用、使用土地,对当事人造成损失的,依法应当承担赔偿责任。

第七十九条 侵占、挪用被征收土地单位的征地补偿费用和其他有关费用,构成犯罪的,依法追究刑事责任;尚不构成犯罪的,依法给予行政处分。

第八十条 依法收回国有土地使用权当事人拒不交出土地的,临时使用土地期满拒不归还的,或者不按照批准的用途使用国有土地的,由县级以上人民政府土地行政主管部门责令交还土地,处以罚款。

第八十一条 擅自将农民集体所有的土地的使用权出让、转让或者出租用于非农业建设的,由县级以上人民政府土地行政主管部门责令限期改正,没收违法所得,并处罚款。

第八十二条 不依照本法规定办理土地变更登记的,由县级以上人民政府土地行政主管部门责令其限期办理。

第八十三条 依照本法规定,责令限期拆除在非法占用的土地上新建的建筑物和其他设施的,建设单位或者个人必须立即停止施工,自行拆除;对继续施工的,作出处罚决定的机关有权制止。建设单位或者个人对责令限期拆除的行政处罚决定不服的,可以在接到责令限期拆除决定之日起15日内,向人民法院起诉;期满不起诉又不自行拆除的,由作出处罚决定的机关依法申请人民法院强制执行,费用由违法者承担。

第八十四条 土地行政主管部门的工作人员玩忽职守、滥用职权、徇私舞弊,构成犯罪的,依法追究刑事责任;尚不构成犯罪的,依法给予行政处分。

第八章 附　则

　　第八十五条　中外合资企业、中外合作经营企业、外资企业使用土地的,适用本法;法律另有规定的,从其规定。

　　第八十六条　本法自 1999 年 1 月 1 日起施行。

附录二

中华人民共和国物权法

（由第十届全国人民代表大会第五次会议于 2007 年（丁亥年）3 月 16 日通过，自 2007 年 10 月 1 日起施行）

目　录

第一编　总　则

第一章　基本原则

第一条　为了维护国家基本经济制度，维护社会主义市场经济秩序，明确物的归属，发挥物的效用，保护权利人的物权，根据宪法，制定本法。

第二条　因物的归属和利用而产生的民事关系，适用本法。

本法所称物,包括不动产和动产。法律规定权利作为物权客体的,依照其规定。

本法所称物权,是指合法权利人依法对特定的物享有直接支配和排他的权利,包括所有权、用益物权和担保物权。

第三条 国家在社会主义初级阶段,坚持公有制为主体、多种所有制经济共同发展的基本经济制度。

国家巩固和发展公有制经济,鼓励、支持和引导非公有制经济的发展。

国家实行社会主义市场经济,保障一切市场主体的平等法律地位和发展权利。

第四条 国家、集体、私人的物权和其他权利人的物权受法律保护,任何单位和个人不得侵犯。

第五条 物权的种类和内容,由法律规定。

第六条 不动产物权的设立、变更、转让和消灭,应当依照法律规定登记。动产物权的设立和转让,应当依照法律规定交付。

第七条 物权的取得和行使,应当遵守法律,尊重社会公德,不得损害公共利益和他人合法权益。

第八条 其他相关法律对物权另有特别规定的,依照其规定。

第二章 物权的设立、变更、转让和消灭

第一节 不动产登记

第九条 不动产物权的设立、变更、转让和消灭,经依法登记,发生效力;未经登记,不发生效力,但法律另有规定的除外。

依法属于国家所有的自然资源,所有权可以不登记。

第十条 不动产登记,由不动产所在地的登记机构办理。

国家对不动产实行统一登记制度。统一登记的范围、登记机构和登记办法,由法律、行政法规规定。

第十一条　当事人申请登记,应当根据不同登记事项提供权属证明和不动产界址、面积等必要材料。

第十二条　登记机构应当履行下列职责:

(一)查验申请人提供的权属证明和其他必要材料;

(二)就有关登记事项询问申请人;

(三)如实、及时登记有关事项;

(四)法律、行政法规规定的其他职责。

申请登记的不动产的有关情况需要进一步证明的,登记机构可以要求申请人补充材料,必要时可以实地查看。

第十三条　登记机构不得有下列行为:

(一)要求对不动产进行评估;

(二)以年检等名义进行重复登记;

(三)超出登记职责范围的其他行为。

第十四条　不动产物权的设立、变更、转让和消灭,依照法律规定应当登记的,自记载于不动产登记簿时发生效力。

第十五条　当事人之间订立有关设立、变更、转让和消灭不动产物权的合同,除法律另有规定或者合同另有约定外,自合同成立时生效;未办理物权登记的,不影响合同效力。

第十六条　不动产登记簿是物权归属和内容的根据。不动产登记簿由登记机构管理。

第十七条　不动产权属证书是权利人享有该不动产物权的证明。不动产权属证书记载的事项,应当与不动产登记簿一致;记载不一致的,除有证据证明不动产登记簿确有错误外,以不动产登记簿为准。

第十八条　权利人、利害关系人可以申请查询、复制登记资料,登记机构应当提供。

第十九条　权利人、利害关系人认为不动产登记簿记载的事项错误的,可以申请更正登记。不动产登记簿记载的权利人书面同意更正或者有证据证明登记确有错误的,登记机构应当予以更正。

不动产登记簿记载的权利人不同意更正的,利害关系人可以申请异议登记。登记机构予以异议登记的,申请人在异议登记之日起十五日内不起诉,异议登记失效。异议登记不当,造成权利人损害的,权利人可以向申请人请求损害赔偿。

第二十条 当事人签订买卖房屋或者其他不动产物权的协议,为保障将来实现物权,按照约定可以向登记机构申请预告登记。预告登记后,未经预告登记的权利人同意,处分该不动产的,不发生物权效力。

预告登记后,债权消灭或者自能够进行不动产登记之日起三个月内未申请登记的,预告登记失效。

第二十一条 当事人提供虚假材料申请登记,给他人造成损害的,应当承担赔偿责任。

因登记错误,给他人造成损害的,登记机构应当承担赔偿责任。登记机构赔偿后,可以向造成登记错误的人追偿。

第二十二条 不动产登记费按件收取,不得按照不动产的面积、体积或者价款的比例收取。具体收费标准由国务院有关部门会同价格主管部门规定。

第二节 动产交付

第二十三条 动产物权的设立和转让,自交付时发生效力,但法律另有规定的除外。

第二十四条 船舶、航空器和机动车等物权的设立、变更、转让和消灭,未经登记,不得对抗善意第三人。

第二十五条 动产物权设立和转让前,权利人已经依法占有该动产的,物权自法律行为生效时发生效力。

第二十六条 动产物权设立和转让前,第三人依法占有该动产的,负有交付义务的人可以通过转让请求第三人返还原物的权利代替交付。

第二十七条　动产物权转让时,双方又约定由出让人继续占有该动产的,物权自该约定生效时发生效力。

第三节　其他规定

第二十八条　因人民法院、仲裁委员会的法律文书或者人民政府的征收决定等,导致物权设立、变更、转让或者消灭的,自法律文书或者人民政府的征收决定等生效时发生效力。

第二十九条　因继承或者受遗赠取得物权的,自继承或者受遗赠开始时发生效力。

第三十条　因合法建造、拆除房屋等事实行为设立或者消灭物权的,自事实行为成就时发生效力。

第三十一条　依照本法第二十八条至第三十条规定享有不动产物权的,处分该物权时,依照法律规定需要办理登记的,未经登记,不发生物权效力。

第三章　物权的保护

第三十二条　物权受到侵害的,权利人可以通过和解、调解、仲裁、诉讼等途径解决。

第三十三条　因物权的归属、内容发生争议的,利害关系人可以请求确认权利。

第三十四条　无权占有不动产或者动产的,权利人可以请求返还原物。

第三十五条　妨害物权或者可能妨害物权的,权利人可以请求排除妨害或者消除危险。

第三十六条　造成不动产或者动产毁损的,权利人可以请求修理、重作、更换或者恢复原状。

第三十七条　侵害物权,造成权利人损害的,权利人可以请求损害赔偿,也可以请求承担其他民事责任。

第三十八条 本章规定的物权保护方式，可以单独适用，也可以根据权利被侵害的情形合并适用。

侵害物权，除承担民事责任外，违反行政管理规定的，依法承担行政责任；构成犯罪的，依法追究刑事责任。

第二编 所有权

第四章 一般规定

第三十九条 所有权人对自己的不动产或者动产，依法享有占有、使用、收益和处分的权利。

第四十条 所有权人有权在自己的不动产或者动产上设立用益物权和担保物权。用益物权人、担保物权人行使权利，不得损害所有权人的权益。

第四十一条 法律规定专属于国家所有的不动产和动产，任何单位和个人不能取得所有权。

第四十二条 为了公共利益的需要，依照法律规定的权限和程序可以征收集体所有的土地和单位、个人的房屋及其他不动产。

征收集体所有的土地，应当依法足额支付土地补偿费、安置补助费、地上附着物和青苗的补偿费等费用，安排被征地农民的社会保障费用，保障被征地农民的生活，维护被征地农民的合法权益。

征收单位、个人的房屋及其他不动产，应当依法给予拆迁补偿，维护被征收人的合法权益；征收个人住宅的，还应当保障被征收人的居住条件。

任何单位和个人不得贪污、挪用、私分、截留、拖欠征收补偿费等费用。

第四十三条 国家对耕地实行特殊保护，严格限制农用地转为建设用地，控制建设用地总量。不得违反法律规定的权限和程序征收集体所有的土地。

第四十四条 因抢险、救灾等紧急需要，依照法律规定的权限和程序可以征用单位、个人的不动产或者动产。被征用的不动产或者动产使用后，应当返还被征用人。单位、个人的不动产或者动产被征用或者征用后毁损、灭失的,应当给予补偿。

第五章　国家所有权和集体所有权、私人所有权

第四十五条　法律规定属于国家所有的财产,属于国家所有即全民所有。

国有财产由国务院代表国家行使所有权;法律另有规定的,依照其规定。

第四十六条　矿藏、水流、海域属于国家所有。

第四十七条　城市的土地,属于国家所有。法律规定属于国家所有的农村和城市郊区的土地,属于国家所有。

第四十八条　森林、山岭、草原、荒地、滩涂等自然资源,属于国家所有,但法律规定属于集体所有的除外。

第四十九条　法律规定属于国家所有的野生动植物资源,属于国家所有。

第五十条　无线电频谱资源属于国家所有。

第五十一条　法律规定属于国家所有的文物,属于国家所有。

第五十二条　国防资产属于国家所有。

铁路、公路、电力设施、电信设施和油气管道等基础设施,依照法律规定为国家所有的,属于国家所有。

第五十三条　国家机关对其直接支配的不动产和动产,享有占有、使用以及依照法律和国务院的有关规定处分的权利。

第五十四条　国家举办的事业单位对其直接支配的不动产和动产,享有占有、使用以及依照法律和国务院的有关规定收益、处分的权利。

第五十五条　国家出资的企业,由国务院、地方人民政府依照法律、行政法规规定分别代表国家履行出资人职责,享有出资人权益。

第五十六条　国家所有的财产受法律保护,禁止任何单位和个人侵占、哄抢、私分、截留、破坏。

第五十七条　履行国有财产管理、监督职责的机构及其工作人员,应当依法加强对国有财产的管理、监督,促进国有财产保值增值,防止国有财产损失;滥用职权,玩忽职守,造成国有财产损失的,应当依法承担法律责任。

违反国有财产管理规定,在企业改制、合并分立、关联交易等过程中,低价转让、合谋私分、擅自担保或者以其他方式造成国有财产损失的,应当依法承担法律责任。

第五十八条　集体所有的不动产和动产包括:

(一)法律规定属于集体所有的土地和森林、山岭、草原、荒地、滩涂;

(二)集体所有的建筑物、生产设施、农田水利设施;

(三)集体所有的教育、科学、文化、卫生、体育等设施;

(四)集体所有的其他不动产和动产。

第五十九条　农民集体所有的不动产和动产,属于本集体成员集体所有。

下列事项应当依照法定程序经本集体成员决定:

(一)土地承包方案以及将土地发包给本集体以外的单位或者个人承包;

(二)个别土地承包经营权人之间承包地的调整;

(三)土地补偿费等费用的使用、分配办法;

(四)集体出资的企业的所有权变动等事项;

(五)法律规定的其他事项。

第六十条　对于集体所有的土地和森林、山岭、草原、荒地、滩涂等,依照下列规定行使所有权:

(一)属于村农民集体所有的,由村集体经济组织或者村民委员会代表集体行使所有权;

(二)分别属于村内两个以上农民集体所有的,由村内各该集体经济组织或者村民小组代表集体行使所有权;

(三)属于乡镇农民集体所有的,由乡镇集体经济组织代表集体行使所有权。

第六十一条　城镇集体所有的不动产和动产,依照法律、行政法规的规定由本集体享有占有、使用、收益和处分的权利。

第六十二条　集体经济组织或者村民委员会、村民小组应当依照法律、行政法规以及章程、村规民约向本集体成员公布集体财产的状况。

第六十三条　集体所有的财产受法律保护,禁止任何单位和个人侵占、哄抢、私分、破坏。

集体经济组织、村民委员会或者其负责人作出的决定侵害集体成员合法权益的,受侵害的集体成员可以请求人民法院予以撤销。

第六十四条　私人对其合法的收入、房屋、生活用品、生产工具、原材料等不动产和动产享有所有权。

第六十五条　私人合法的储蓄、投资及其收益受法律保护。

国家依照法律规定保护私人的继承权及其他合法权益。

第六十六条　私人的合法财产受法律保护,禁止任何单位和个人侵占、哄抢、破坏。

第六十七条　国家、集体和私人依法可以出资设立有限责任公司、股份有限公司或者其他企业。国家、集体和私人所有的不动产或者动产,投到企业的,由出资人按照约定或者出资比例享有资产收益、重大决策以及选择经营管理者等权利并履行义务。

第六十八条　企业法人对其不动产和动产依照法律、行政法规以及章程享有占有、使用、收益和处分的权利。

企业法人以外的法人,对其不动产和动产的权利,适用有关法律、行政法规以及章程的规定。

第六十九条　社会团体依法所有的不动产和动产,受法律保护。

第六章　建筑物区分所有权

第七十条　业主对建筑物内的住宅、经营性用房等专有部分享有所有权,对专有部分以外的共有部分享有共有和共同管理的权利。

第七十一条　业主对其建筑物专有部分享有占有、使用、收益和处分的权利。业主行使权利不得危及建筑物的安全，不得损害其他业主的合法权益。

第七十二条　业主对建筑物专有部分以外的共有部分，享有权利，承担义务；不得以放弃权利不履行义务。

业主转让建筑物内的住宅、经营性用房，其对共有部分享有的共有和共同管理的权利一并转让。

第七十三条　建筑区划内的道路，属于业主共有，但属于城镇公共道路的除外。建筑区划内的绿地，属于业主共有，但属于城镇公共绿地或者明示属于个人的除外。建筑区划内的其他公共场所、公用设施和物业服务用房，属于业主共有。

第七十四条　建筑区划内，规划用于停放汽车的车位、车库应当首先满足业主的需要。

建筑区划内，规划用于停放汽车的车位、车库的归属，由当事人通过出售、附赠或者出租等方式约定。

占用业主共有的道路或者其他场地用于停放汽车的车位，属于业主共有。

第七十五条　业主可以设立业主大会，选举业主委员会。

地方人民政府有关部门应当对设立业主大会和选举业主委员会给予指导和协助。

第七十六条　下列事项由业主共同决定：

（一）制定和修改业主大会议事规则；

（二）制定和修改建筑物及其附属设施的管理规约；

（三）选举业主委员会或者更换业主委员会成员；

（四）选聘和解聘物业服务企业或者其他管理人；

（五）筹集和使用建筑物及其附属设施的维修资金；

（六）改建、重建建筑物及其附属设施；

（七）有关共有和共同管理权利的其他重大事项。

决定前款第五项和第六项规定的事项，应当经专有部分占建筑物总面积三分之二以上的业主且占总人数三分之二以上的业主同意。决定前款其他事项，应当经专有部分占建筑物总面积过半数的业主且占总人数过半数的业主同意。

第七十七条　业主不得违反法律、法规以及管理规约，将住宅改变为经营性用房。业主将住宅改变为经营性用房的，除遵守法律、法规以及管理规约外，应当经有利害关系的业主同意。

第七十八条　业主大会或者业主委员会的决定，对业主具有约束力。

业主大会或者业主委员会作出的决定侵害业主合法权益的，受侵害的业主可以请求人民法院予以撤销。

第七十九条　建筑物及其附属设施的维修资金，属于业主共有。经业主共同决定，可以用于电梯、水箱等共有部分的维修。维修资金的筹集、使用情况应当公布。

第八十条　建筑物及其附属设施的费用分摊、收益分配等事项，有约定的，按照约定；没有约定或者约定不明确的，按照业主专有部分占建筑物总面积的比例确定。

第八十一条　业主可以自行管理建筑物及其附属设施，也可以委托物业服务企业或者其他管理人管理。

对建设单位聘请的物业服务企业或者其他管理人，业主有权依法更换。

第八十二条　物业服务企业或者其他管理人根据业主的委托管理建筑区划内的建筑物及其附属设施，并接受业主的监督。

第八十三条　业主应当遵守法律、法规以及管理规约。

业主大会和业主委员会，对任意弃置垃圾、排放污染物或者噪声、违反规定饲养动物、违章搭建、侵占通道、拒付物业费等损害他人合法权益的行为，有权依照法律、法规以及管理规约，要求行为人停止侵害、消除危险、排除妨害、赔偿损失。业主对侵害自己合法权益的行为，可以依法向人民法院提起诉讼。

第七章　相邻关系

第八十四条　不动产的相邻权利人应当按照有利生产、方便生活、团结互助、公平合理的原则,正确处理相邻关系。

第八十五条　法律、法规对处理相邻关系有规定的,依照其规定;法律、法规没有规定的,可以按照当地习惯。

第八十六条　不动产权利人应当为相邻权利人用水、排水提供必要的便利。

对自然流水的利用,应当在不动产的相邻权利人之间合理分配。对自然流水的排放,应当尊重自然流向。

第八十七条　不动产权利人对相邻权利人因通行等必须利用其土地的,应当提供必要的便利。

第八十八条　不动产权利人因建造、修缮建筑物以及铺设电线、电缆、水管、暖气和燃气管线等必须利用相邻土地、建筑物的,该土地、建筑物的权利人应当提供必要的便利。

第八十九条　建造建筑物,不得违反国家有关工程建设标准,妨碍相邻建筑物的通风、采光和日照。

第九十条　不动产权利人不得违反国家规定弃置固体废物,排放大气污染物、水污染物、噪声、光、电磁波辐射等有害物质。

第九十一条　不动产权利人挖掘土地、建造建筑物、铺设管线以及安装设备等,不得危及相邻不动产的安全。

第九十二条　不动产权利人因用水、排水、通行、铺设管线等利用相邻不动产的,应当尽量避免对相邻的不动产权利人造成损害;造成损害的,应当给予赔偿。

第八章　共有

第九十三条　不动产或者动产可以由两个以上单位、个人共有。共有包括按份共有和共同共有。

第九十四条　按份共有人对共有的不动产或者动产按照其份额享有所有权。

第九十五条　共同共有人对共有的不动产或者动产共同享有所有权。

第九十六条　共有人按照约定管理共有的不动产或者动产;没有约定或者约定不明确的,各共有人都有管理的权利和义务。

第九十七条　处分共有的不动产或者动产以及对共有的不动产或者动产作重大修缮的,应当经占份额三分之二以上的按份共有人或者全体共同共有人同意,但共有人之间另有约定的除外。

第九十八条　对共有物的管理费用以及其他负担,有约定的,按照约定;没有约定或者约定不明确的,按份共有人按照其份额负担,共同共有人共同负担。

第九十九条　共有人约定不得分割共有的不动产或者动产,以维持共有关系的,应当按照约定,但共有人有重大理由需要分割的,可以请求分割;没有约定或者约定不明确的,按份共有人可以随时请求分割,共同共有人在共有的基础丧失或者有重大理由需要分割时可以请求分割。因分割对其他共有人造成损害的,应当给予赔偿。

第一百条　共有人可以协商确定分割方式。达不成协议,共有的不动产或者动产可以分割并且不会因分割减损价值的,应当对实物予以分割;难以分割或者因分割会减损价值的,应当对折价或者拍卖、变卖取得的价款予以分割。

共有人分割所得的不动产或者动产有瑕疵的,其他共有人应当分担损失。

第一百零一条　按份共有人可以转让其享有的共有的不动产或者动产份额。其他共有人在同等条件下享有优先购买的权利。

第一百零二条　因共有的不动产或者动产产生的债权债务,在对外关系上,共有人享有连带债权、承担连带债务,但法律另有规定或者第三人知道共有人不具有连带债权债务关系的除外；在共有人内部关系上，除共有人另有约定外，按份共有人按照份额享有债权、承担债务，共同共有人共同享有债权、承担债务。偿还债务超过自己应当承担份额的按份共有人，有权向其他共有人追偿。

第一百零三条 共有人对共有的不动产或者动产没有约定为按份共有或者共同共有，或者约定不明确的，除共有人具有家庭关系等外，视为按份共有。

第一百零四条 按份共有人对共有的不动产或者动产享有的份额，没有约定或者约定不明确的，按照出资额确定；不能确定出资额的，视为等额享有。

第一百零五条 两个以上单位、个人共同享有用益物权、担保物权的，参照本章规定。

第九章 所有权取得的特别规定

第一百零六条 无处分权人将不动产或者动产转让给受让人的，所有权人有权追回；除法律另有规定外，符合下列情形的，受让人取得该不动产或者动产的所有权：

（一）受让人受让该不动产或者动产时是善意的；

（二）以合理的价格转让；

（三）转让的不动产或者动产依照法律规定应当登记的已经登记，不需要登记的已经交付给受让人。

受让人依照前款规定取得不动产或者动产的所有权的，原所有权人有权向无处分权人请求赔偿损失。

当事人善意取得其他物权的，参照前两款规定。

第一百零七条 所有权人或者其他权利人有权追回遗失物。该遗失物通过转让被他人占有的，权利人有权向无处分权人请求损害赔偿，或者自知道或者应当知道受让人之日起二年内向受让人请求返还原物，但受让人通过拍卖或者向具有经营资格的经营者购得该遗失物的,权利人请求返还原物时应当支付受让人所付的费用。权利人向受让人支付所付费用后,有权向无处分权人追偿。

第一百零八条 善意受让人取得动产后,该动产上的原有权利消灭,但善意受让人在受让时知道或者应当知道该权利的除外。

第一百零九条 拾得遗失物,应当返还权利人。拾得人应当及时通知权利人领取,或者送交公安等有关部门。

第一百一十条 有关部门收到遗失物,知道权利人的,应当及时通知其领取;不知道的,应当及时发布招领公告。

第一百一十一条 拾得人在遗失物送交有关部门前,有关部门在遗失物被领取前,应当妥善保管遗失物。因故意或者重大过失致使遗失物毁损、灭失的,应当承担民事责任。

第一百一十二条 权利人领取遗失物时,应当向拾得人或者有关部门支付保管遗失物等支出的必要费用。

权利人悬赏寻找遗失物的,领取遗失物时应当按照承诺履行义务。

拾得人侵占遗失物的,无权请求保管遗失物等支出的费用,也无权请求权利人按照承诺履行义务。

第一百一十三条 遗失物自发布招领公告之日起六个月内无人认领的,归国家所有。

第一百一十四条 拾得漂流物、发现埋藏物或者隐藏物的,参照拾得遗失物的有关规定。文物保护法等法律另有规定的,依照其规定。

第一百一十五条 主物转让的,从物随主物转让,但当事人另有约定的除外。

第一百一十六条 天然孳息,由所有权人取得;既有所有权人又有用益物权人的,由用益物权人取得。当事人另有约定的,按照约定。

法定孳息,当事人有约定的,按照约定取得;没有约定或者约定不明确的,按照交易习惯取得。

第三编 用益物权

第十章 一般规定

第一百一十七条 用益物权人对他人所有的不动产或者动产，依法享有占有、使用和收益的权利。

第一百一十八条 国家所有或者国家所有由集体使用以及法律规定属于集体所有的自然资源，单位、个人依法可以占有、使用和收益。

第一百一十九条 国家实行自然资源有偿使用制度，但法律另有规定的除外。

第一百二十条 用益物权人行使权利，应当遵守法律有关保护和合理开发利用资源的规定。所有权人不得干涉用益物权人行使权利。

第一百二十一条 因不动产或者动产被征收、征用致使用益物权消灭或者影响用益物权行使的，用益物权人有权依照本法第四十二条、第四十四条的规定获得相应补偿。

第一百二十二条 依法取得的海域使用权受法律保护。

第一百二十三条 依法取得的探矿权、采矿权、取水权和使用水域、滩涂从事养殖、捕捞的权利受法律保护。

第十一章 土地承包经营权

第一百二十四条 农村集体经济组织实行家庭承包经营为基础、统分结合的双层经营体制。

农民集体所有和国家所有由农民集体使用的耕地、林地、草地以及其他用于农业的土地，依法实行土地承包经营制度。

第一百二十五条 土地承包经营权人依法对其承包经营的耕地、林地、草地等享有占有、使用和收益的权利，有权从事种植业、林业、畜牧业等农业生产。

第一百二十六条 耕地的承包期为三十年。草地的承包期为三十年至五十年。林地的承包期为三十年至七十年;特殊林木的林地承包期,经国务院林业行政主管部门批准可以延长。

前款规定的承包期届满,由土地承包经营权人按照国家有关规定继续承包。

第一百二十七条 土地承包经营权自土地承包经营权合同生效时设立。

县级以上地方人民政府应当向土地承包经营权人发放土地承包经营权证、林权证、草原使用权证,并登记造册,确认土地承包经营权。

第一百二十八条 土地承包经营权人依照农村土地承包法的规定,有权将土地承包经营权采取转包、互换、转让等方式流转。流转的期限不得超过承包期的剩余期限。未经依法批准,不得将承包地用于非农建设。

第一百二十九条 土地承包经营权人将土地承包经营权互换、转让,当事人要求登记的,应当向县级以上地方人民政府申请土地承包经营权变更登记;未经登记,不得对抗善意第三人。

第一百三十条 承包期内发包人不得调整承包地。

因自然灾害严重毁损承包地等特殊情形,需要适当调整承包的耕地和草地的,应当依照农村土地承包法等法律规定办理。

第一百三十一条 承包期内发包人不得收回承包地。农村土地承包法等法律另有规定的,依照其规定。

第一百三十二条 承包地被征收的,土地承包经营权人有权依照本法第四十二条第二款的规定获得相应补偿。

第一百三十三条 通过招标、拍卖、公开协商等方式承包荒地等农村土地,依照农村土地承包法等法律和国务院的有关规定,其土地承包经营权可以转让、入股、抵押或者以其他方式流转。

第一百三十四条 国家所有的农用地实行承包经营的,参照本法的有关规定。

第十二章 建设用地使用权

第一百三十五条 建设用地使用权人依法对国家所有的土地享有占有、使用和收益的权利，有权利用该土地建造建筑物、构筑物及其附属设施。

第一百三十六条 建设用地使用权可以在土地的地表、地上或者地下分别设立。新设立的建设用地使用权，不得损害已设立的用益物权。

第一百三十七条 设立建设用地使用权，可以采取出让或者划拨等方式。

工业、商业、旅游、娱乐和商品住宅等经营性用地以及同一土地有两个以上意向用地者的，应当采取招标、拍卖等公开竞价的方式出让。

严格限制以划拨方式设立建设用地使用权。采取划拨方式的，应当遵守法律、行政法规关于土地用途的规定。

第一百三十八条 采取招标、拍卖、协议等出让方式设立建设用地使用权的，当事人应当采取书面形式订立建设用地使用权出让合同。

建设用地使用权出让合同一般包括下列条款：

（一）当事人的名称和住所；

（二）土地界址、面积等；

（三）建筑物、构筑物及其附属设施占用的空间；

（四）土地用途；

（五）使用期限；

（六）出让金等费用及其支付方式；

（七）解决争议的方法。

第一百三十九条 设立建设用地使用权的，应当向登记机构申请建设用地使用权登记。建设用地使用权自登记时设立。登记机构应当向建设用地使用权人发放建设用地使用权证书。

第一百四十条 建设用地使用权人应当合理利用土地，不得改变土地用途；需要改变土地用途的，应当依法经有关行政主管部门批准。

第一百四十一条　建设用地使用权人应当依照法律规定以及合同约定支付出让金等费用。

第一百四十二条　建设用地使用权人建造的建筑物、构筑物及其附属设施的所有权属于建设用地使用权人，但有相反证据证明的除外。

第一百四十三条　建设用地使用权人有权将建设用地使用权转让、互换、出资、赠与或者抵押，但法律另有规定的除外。

第一百四十四条　建设用地使用权转让、互换、出资、赠与或者抵押的，当事人应当采取书面形式订立相应的合同。使用期限由当事人约定，但不得超过建设用地使用权的剩余期限。

第一百四十五条　建设用地使用权转让、互换、出资或者赠与的，应当向登记机构申请变更登记。

第一百四十六条　建设用地使用权转让、互换、出资或者赠与的，附着于该土地上的建筑物、构筑物及其附属设施一并处分。

第一百四十七条　建筑物、构筑物及其附属设施转让、互换、出资或者赠与的，该建筑物、构筑物及其附属设施占用范围内的建设用地使用权一并处分。

第一百四十八条　建设用地使用权期间届满前，因公共利益需要提前收回该土地的，应当依照本法第四十二条的规定对该土地上的房屋及其他不动产给予补偿，并退还相应的出让金。

第一百四十九条　住宅建设用地使用权期间届满的，自动续期。

非住宅建设用地使用权期间届满后的续期，依照法律规定办理。该土地上的房屋及其他不动产的归属，有约定的，按照约定；没有约定或者约定不明确的，依照法律、行政法规的规定办理。

第一百五十条　建设用地使用权消灭的，出让人应当及时办理注销登记。登记机构应当收回建设用地使用权证书。

第一百五十一条　集体所有的土地作为建设用地的，应当依照土地管理法等法律规定办理。

第十三章　宅基地使用权

第一百五十二条　宅基地使用权人依法对集体所有的土地享有占有和使用的权利,有权依法利用该土地建造住宅及其附属设施。

第一百五十三条　宅基地使用权的取得、行使和转让,适用土地管理法等法律和国家有关规定。

第一百五十四条　宅基地因自然灾害等原因灭失的,宅基地使用权消灭。对失去宅基地的村民,应当重新分配宅基地。

第一百五十五条　已经登记的宅基地使用权转让或者消灭的,应当及时办理变更登记或者注销登记。

第十四章　地役权

第一百五十六条　地役权人有权按照合同约定,利用他人的不动产,以提高自己的不动产的效益。

前款所称他人的不动产为供役地,自己的不动产为需役地。

第一百五十七条　设立地役权,当事人应当采取书面形式订立地役权合同。

地役权合同一般包括下列条款:

(一)当事人的姓名或者名称和住所;

(二)供役地和需役地的位置;

(三)利用目的和方法;

(四)利用期限;

(五)费用及其支付方式;

(六)解决争议的方法。

第一百五十八条　地役权自地役权合同生效时设立。当事人要求登记的,可以向登记机构申请地役权登记;未经登记,不得对抗善意第三人。

第一百五十九条　供役地权利人应当按照合同约定,允许地役权人利用其土地,不得妨害地役权人行使权利。

第一百六十条　地役权人应当按照合同约定的利用目的和方法利用供役地,尽量减少对供役地权利人物权的限制。

第一百六十一条　地役权的期限由当事人约定,但不得超过土地承包经营权、建设用地使用权等用益物权的剩余期限。

第一百六十二条　土地所有权人享有地役权或者负担地役权的,设立土地承包经营权、宅基地使用权时,该土地承包经营权人、宅基地使用权人继续享有或者负担已设立的地役权。

第一百六十三条　土地上已设立土地承包经营权、建设用地使用权、宅基地使用权等权利的,未经用益物权人同意,土地所有权人不得设立地役权。

第一百六十四条　地役权不得单独转让。土地承包经营权、建设用地使用权等转让的,地役权一并转让,但合同另有约定的除外。

第一百六十五条　地役权不得单独抵押。土地承包经营权、建设用地使用权等抵押的,在实现抵押权时,地役权一并转让。

第一百六十六条　需役地以及需役地上的土地承包经营权、建设用地使用权部分转让时,转让部分涉及地役权的,受让人同时享有地役权。

第一百六十七条　供役地以及供役地上的土地承包经营权、建设用地使用权部分转让时,转让部分涉及地役权的,地役权对受让人具有约束力。

第一百六十八条　地役权人有下列情形之一的,供役地权利人有权解除地役权合同,地役权消灭:

(一)违反法律规定或者合同约定,滥用地役权;

(二)有偿利用供役地,约定的付款期间届满后在合理期限内经两次催告未支付费用。

第一百六十九条　已经登记的地役权变更、转让或者消灭的,应当及时办理变更登记或者注销登记。

第四编 担保物权

第十五章 一般规定

第一百七十条 担保物权人在债务人不履行到期债务或者发生当事人约定的实现担保物权的情形,依法享有就担保财产优先受偿的权利,但法律另有规定的除外。

第一百七十一条 债权人在借贷、买卖等民事活动中,为保障实现其债权,需要担保的,可以依照本法和其他法律的规定设立担保物权。

第三人为债务人向债权人提供担保的,可以要求债务人提供反担保。反担保适用本法和其他法律的规定。

第一百七十二条 设立担保物权,应当依照本法和其他法律的规定订立担保合同。担保合同是主债权债务合同的从合同。主债权债务合同无效,担保合同无效,但法律另有规定的除外。

担保合同被确认无效后,债务人、担保人、债权人有过错的,应当根据其过错各自承担相应的民事责任。

第一百七十三条 担保物权的担保范围包括主债权及其利息、违约金、损害赔偿金、保管担保财产和实现担保物权的费用。当事人另有约定的,按照约定。

第一百七十四条 担保期间,担保财产毁损、灭失或者被征收等,担保物权人可以就获得的保险金、赔偿金或者补偿金等优先受偿。被担保债权的履行期未届满的,也可以提存该保险金、赔偿金或者补偿金等。

第一百七十五条 第三人提供担保,未经其书面同意,债权人允许债务人转移全部或者部分债务的,担保人不再承担相应的担保责任。

第一百七十六条 被担保的债权既有物的担保又有人的担保的,债务人不履行到期债务或者发生当事人约定的实现担保物权的情形,债权人应当按照约定实现债权;没有约定或者约定不明确,债务人自己提供物的担保的,债权人应当先就该物的担保实现债权;第三人提供物的担保的,债权人可以就物的担保实现债权,也可以要求保证人承担保证责任。提供担保的第三人承担担保责任后,有权向债务人追偿。

第一百七十七条 有下列情形之一的,担保物权消灭:

(一)主债权消灭;

(二)担保物权实现;

(三)债权人放弃担保物权;

(四)法律规定担保物权消灭的其他情形。

第一百七十八条 担保法与本法的规定不一致的,适用本法。

第十六章 抵押权

第一节 一般抵押权

第一百七十九条 为担保债务的履行,债务人或者第三人不转移财产的占有,将该财产抵押给债权人的,债务人不履行到期债务或者发生当事人约定的实现抵押权的情形,债权人有权就该财产优先受偿。

前款规定的债务人或者第三人为抵押人,债权人为抵押权人,提供担保的财产为抵押财产。

第一百八十条 债务人或者第三人有权处分的下列财产可以抵押:

(一)建筑物和其他土地附着物;

(二)建设用地使用权;

(三)以招标、拍卖、公开协商等方式取得的荒地等土地承包经营权;

(四)生产设备、原材料、半成品、产品;

(五)正在建造的建筑物、船舶、航空器;

(六)交通运输工具;

(七)法律、行政法规未禁止抵押的其他财产。

抵押人可以将前款所列财产一并抵押。

第一百八十一条 经当事人书面协议,企业、个体工商户、农业生产经营者可以将现有的以及将有的生产设备、原材料、半成品、产品抵押,债务人不履行到期债务或者发生当事人约定的实现抵押权的情形,债权人有权就实现抵押权时的动产优先受偿。

第一百八十二条 以建筑物抵押的,该建筑物占用范围内的建设用地使用权一并抵押。以建设用地使用权抵押的,该土地上的建筑物一并抵押。

抵押人未依照前款规定一并抵押的,未抵押的财产视为一并抵押。

第一百八十三条 乡镇、村企业的建设用地使用权不得单独抵押。以乡镇、村企业的厂房等建筑物抵押的,其占用范围内的建设用地使用权一并抵押。

第一百八十四条 下列财产不得抵押:

(一)土地所有权;

(二)耕地、宅基地、自留地、自留山等集体所有的土地使用权,但法律规定可以抵押的除外;

(三)学校、幼儿园、医院等以公益为目的的事业单位、社会团体的教育设施、医疗卫生设施和其他社会公益设施;

(四)所有权、使用权不明或者有争议的财产;

(五)依法被查封、扣押、监管的财产;

(六)法律、行政法规规定不得抵押的其他财产。

第一百八十五条 设立抵押权,当事人应当采取书面形式订立抵押合同。

抵押合同一般包括下列条款:

(一)被担保债权的种类和数额;

(二)债务人履行债务的期限;

(三)抵押财产的名称、数量、质量、状况、所在地、所有权归属或者使用权归属;

（四）担保的范围。

第一百八十六条 抵押权人在债务履行期届满前，不得与抵押人约定债务人不履行到期债务时抵押财产归债权人所有。

第一百八十七条 以本法第一百八十条第一款第一项至第三项规定的财产或者第五项规定的正在建造的建筑物抵押的，应当办理抵押登记。抵押权自登记时设立。

第一百八十八条 以本法第一百八十条第一款第四项、第六项规定的财产或者第五项规定的正在建造的船舶、航空器抵押的，抵押权自抵押合同生效时设立；未经登记，不得对抗善意第三人。

第一百八十九条 企业、个体工商户、农业生产经营者以本法第一百八十一条规定的动产抵押的，应当向抵押人住所地的工商行政管理部门办理登记。抵押权自抵押合同生效时设立；未经登记，不得对抗善意第三人。

依照本法第一百八十一条规定抵押的，不得对抗正常经营活动中已支付合理价款并取得抵押财产的买受人。

第一百九十条 订立抵押合同前抵押财产已出租的，原租赁关系不受该抵押权的影响。抵押权设立后抵押财产出租的，该租赁关系不得对抗已登记的抵押权。

第一百九十一条 抵押期间，抵押人经抵押权人同意转让抵押财产的，应当将转让所得的价款向抵押权人提前清偿债务或者提存。转让的价款超过债权数额的部分归抵押人所有，不足部分由债务人清偿。

抵押期间，抵押人未经抵押权人同意，不得转让抵押财产，但受让人代为清偿债务消灭抵押权的除外。

第一百九十二条 抵押权不得与债权分离而单独转让或者作为其他债权的担保。债权转让的，担保该债权的抵押权一并转让，但法律另有规定或者当事人另有约定的除外。

第一百九十三条 抵押人的行为足以使抵押财产价值减少的，抵押权人有权要求抵押人停止其行为。抵押财产价值减少的，抵押权人有权要求恢复抵押财产的价值,或者提供与减少的价值相应的担保。抵押人不恢复抵押财产的价值也不提供担保的,抵押权人有权要求债务人提前清偿债务。

第一百九十四条 抵押权人可以放弃抵押权或者抵押权的顺位。抵押权人与抵押人可以协议变更抵押权顺位以及被担保的债权数额等内容,但抵押权的变更,未经其他抵押权人书面同意,不得对其他抵押权人产生不利影响。

债务人以自己的财产设定抵押,抵押权人放弃该抵押权、抵押权顺位或者变更抵押权的,其他担保人在抵押权人丧失优先受偿权益的范围内免除担保责任,但其他担保人承诺仍然提供担保的除外。

第一百九十五条 债务人不履行到期债务或者发生当事人约定的实现抵押权的情形,抵押权人可以与抵押人协议以抵押财产折价或者以拍卖、变卖该抵押财产所得的价款优先受偿。协议损害其他债权人利益的,其他债权人可以在知道或者应当知道撤销事由之日起一年内请求人民法院撤销该协议。

抵押权人与抵押人未就抵押权实现方式达成协议的,抵押权人可以请求人民法院拍卖、变卖抵押财产。

抵押财产折价或者变卖的,应当参照市场价格。

第一百九十六条 依照本法第一百八十一条规定设定抵押的,抵押财产自下列情形之一发生时确定:

(一)债务履行期届满,债权未实现;

(二)抵押人被宣告破产或者被撤销;

(三)当事人约定的实现抵押权的情形;

(四)严重影响债权实现的其他情形。

第一百九十七条 债务人不履行到期债务或者发生当事人约定的实现抵押权的情形,致使抵押财产被人民法院依法扣押的,自扣押之日起抵押权人有权收取该抵押财产的天然孳息或者法定孳息,但抵押权人未通知应当清偿法定孳息的义务人的除外。

前款规定的孳息应当先充抵收取孳息的费用。

第一百九十八条 抵押财产折价或者拍卖、变卖后,其价款超过债权数额的部分归抵押人所有,不足部分由债务人清偿。

第一百九十九条 同一财产向两个以上债权人抵押的,拍卖、变卖抵押财产所得的价款依照下列规定清偿:

(一)抵押权已登记的,按照登记的先后顺序清偿;顺序相同的,按照债权比例清偿;

(二)抵押权已登记的先于未登记的受偿;

(三)抵押权未登记的,按照债权比例清偿。

第二百条 建设用地使用权抵押后,该土地上新增的建筑物不属于抵押财产。该建设用地使用权实现抵押权时,应当将该土地上新增的建筑物与建设用地使用权一并处分,但新增建筑物所得的价款,抵押权人无权优先受偿。

第二百零一条 依照本法第一百八十条第一款第三项规定的土地承包经营权抵押的,或者依照本法第一百八十三条规定以乡镇、村企业的厂房等建筑物占用范围内的建设用地使用权一并抵押的,实现抵押权后,未经法定程序,不得改变土地所有权的性质和土地用途。

第二百零二条 抵押权人应当在主债权诉讼时效期间行使抵押权;未行使的,人民法院不予保护。

第二节 最高额抵押权

第二百零三条 为担保债务的履行,债务人或者第三人对一定期间内将要连续发生的债权提供担保财产的,债务人不履行到期债务或者发生当事人约定的实现抵押权的情形,抵押权人有权在最高债权额限度内就该担保财产优先受偿。

最高额抵押权设立前已经存在的债权,经当事人同意,可以转入最高额抵押担保的债权范围。

第二百零四条 最高额抵押担保的债权确定前,部分债权转让的,最高额抵押权不得转让,但当事人另有约定的除外。

第二百零五条 最高额抵押担保的债权确定前,抵押权人与抵押人可以通过协议变更债权确定的期间、债权范围以及最高债权额,但变更的内容不得对其他抵押权人产生不利影响。

第二百零六条 有下列情形之一的,抵押权人的债权确定:

(一)约定的债权确定期间届满;

(二)没有约定债权确定期间或者约定不明确,抵押权人或者抵押人自最高额抵押权设立之日起满二年后请求确定债权;

(三)新的债权不可能发生;

(四)抵押财产被查封、扣押;

(五)债务人、抵押人被宣告破产或者被撤销;

(六)法律规定债权确定的其他情形。

第二百零七条 最高额抵押权除适用本节规定外,适用本章第一节一般抵押权的规定。

第十七章 质 权

第一节 动产质权

第二百零八条 为担保债务的履行,债务人或者第三人将其动产出质给债权人占有的,债务人不履行到期债务或者发生当事人约定的实现质权的情形,债权人有权就该动产优先受偿。

前款规定的债务人或者第三人为出质人,债权人为质权人,交付的动产为质押财产。

第二百零九条 法律、行政法规禁止转让的动产不得出质。

第二百一十条 设立质权,当事人应当采取书面形式订立质权合同。

质权合同一般包括下列条款:

(一)被担保债权的种类和数额;

(二)债务人履行债务的期限;

(三)质押财产的名称、数量、质量、状况;

(四)担保的范围；

(五)质押财产交付的时间。

第二百一十一条 质权人在债务履行期届满前,不得与出质人约定债务人不履行到期债务时质押财产归债权人所有。

第二百一十二条 质权自出质人交付质押财产时设立。

第二百一十三条 质权人有权收取质押财产的孳息,但合同另有约定的除外。

前款规定的孳息应当先充抵收取孳息的费用。

第二百一十四条 质权人在质权存续期间,未经出质人同意,擅自使用、处分质押财产,给出质人造成损害的,应当承担赔偿责任。

第二百一十五条 质权人负有妥善保管质押财产的义务;因保管不善致使质押财产毁损、灭失的,应当承担赔偿责任。

质权人的行为可能使质押财产毁损、灭失的,出质人可以要求质权人将质押财产提存,或者要求提前清偿债务并返还质押财产。

第二百一十六条 因不能归责于质权人的事由可能使质押财产毁损或者价值明显减少,足以危害质权人权利的,质权人有权要求出质人提供相应的担保;出质人不提供的,质权人可以拍卖、变卖质押财产,并与出质人通过协议将拍卖、变卖所得的价款提前清偿债务或者提存。

第二百一十七条 质权人在质权存续期间,未经出质人同意转质,造成质押财产毁损、灭失的,应当向出质人承担赔偿责任。

第二百一十八条 质权人可以放弃质权。债务人以自己的财产出质,质权人放弃该质权的,其他担保人在质权人丧失优先受偿权益的范围内免除担保责任,但其他担保人承诺仍然提供担保的除外。

第二百一十九条 债务人履行债务或者出质人提前清偿所担保的债权的,质权人应当返还质押财产。

债务人不履行到期债务或者发生当事人约定的实现质权的情形,质权人可以与出质人协议以质押财产折价,也可以就拍卖、变卖质押财产所得的价款优先受偿。

质押财产折价或者变卖的,应当参照市场价格。

第二百二十条 出质人可以请求质权人在债务履行期届满后及时行使质权;质权人不行使的,出质人可以请求人民法院拍卖、变卖质押财产。

出质人请求质权人及时行使质权,因质权人怠于行使权利造成损害的,由质权人承担赔偿责任。

第二百二十一条 质押财产折价或者拍卖、变卖后,其价款超过债权数额的部分归出质人所有,不足部分由债务人清偿。

第二百二十二条 出质人与质权人可以协议设立最高额质权。

最高额质权除适用本节有关规定外,参照本法第十六章第二节最高额抵押权的规定。

第二节 权利质权

第二百二十三条 债务人或者第三人有权处分的下列权利可以出质:

(一)汇票、支票、本票;

(二)债券、存款单;

(三)仓单、提单;

(四)可以转让的基金份额、股权;

(五)可以转让的注册商标专用权、专利权、著作权等知识产权中的财产权;

(六)应收账款;

(七)法律、行政法规规定可以出质的其他财产权利。

第二百二十四条 以汇票、支票、本票、债券、存款单、仓单、提单出质的,当事人应当订立书面合同。质权自权利凭证交付质权人时设立;没有权利凭证的,质权自有关部门办理出质登记时设立。

第二百二十五条 汇票、支票、本票、债券、存款单、仓单、提单的兑现日期或者提货日期先于主债权到期的,质权人可以兑现或者提货,并与出质人协议将兑现的价款或者提取的货物提前清偿债务或者提存。

第二百二十六条 以基金份额、股权出质的，当事人应当订立书面合同。以基金份额、证券登记结算机构登记的股权出质的，质权自证券登记结算机构办理出质登记时设立；以其他股权出质的，质权自工商行政管理部门办理出质登记时设立。

基金份额、股权出质后，不得转让，但经出质人与质权人协商同意的除外。出质人转让基金份额、股权所得的价款，应当向质权人提前清偿债务或者提存。

第二百二十七条 以注册商标专用权、专利权、著作权等知识产权中的财产权出质的，当事人应当订立书面合同。质权自有关主管部门办理出质登记时设立。

知识产权中的财产权出质后，出质人不得转让或者许可他人使用，但经出质人与质权人协商同意的除外。出质人转让或者许可他人使用出质的知识产权中的财产权所得的价款，应当向质权人提前清偿债务或者提存。

第二百二十八条 以应收账款出质的，当事人应当订立书面合同。质权自信贷征信机构办理出质登记时设立。

应收账款出质后，不得转让，但经出质人与质权人协商同意的除外。出质人转让应收账款所得的价款，应当向质权人提前清偿债务或者提存。

第二百二十九条 权利质权除适用本节规定外，适用本章第一节动产质权的规定。

第十八章　留置权

第二百三十条 债务人不履行到期债务，债权人可以留置已经合法占有的债务人的动产，并有权就该动产优先受偿。

前款规定的债权人为留置权人，占有的动产为留置财产。

第二百三十一条 债权人留置的动产，应当与债权属于同一法律关系，但企业之间留置的除外。

第二百三十二条 法律规定或者当事人约定不得留置的动产,不得留置。

第二百三十三条 留置财产为可分物的,留置财产的价值应当相当于债务的金额。

第二百三十四条 留置权人负有妥善保管留置财产的义务;因保管不善致使留置财产毁损、灭失的,应当承担赔偿责任。

第二百三十五条 留置权人有权收取留置财产的孳息。

前款规定的孳息应当先充抵收取孳息的费用。

第二百三十六条 留置权人与债务人应当约定留置财产后的债务履行期间;没有约定或者约定不明确的,留置权人应当给债务人两个月以上履行债务的期间,但鲜活易腐等不易保管的动产除外。债务人逾期未履行的,留置权人可以与债务人协议以留置财产折价,也可以就拍卖、变卖留置财产所得的价款优先受偿。

留置财产折价或者变卖的,应当参照市场价格。

第二百三十七条 债务人可以请求留置权人在债务履行期届满后行使留置权;留置权人不行使的,债务人可以请求人民法院拍卖、变卖留置财产。

第二百三十八条 留置财产折价或者拍卖、变卖后,其价款超过债权数额的部分归债务人所有,不足部分由债务人清偿。

第二百三十九条 同一动产上已设立抵押权或者质权,该动产又被留置的,留置权人优先受偿。

第二百四十条 留置权人对留置财产丧失占有或者留置权人接受债务人另行提供担保的,留置权消灭。

第五编 占 有

第十九章 占 有

第二百四十一条 基于合同关系等产生的占有,有关不动产或者动产的使用、收益、违约责任等,按照合同约定;合同没有约定或者约定不明确的,依照有关法律规定。

第二百四十二条 占有人因使用占有的不动产或者动产,致使该不动产或者动产受到损害的,恶意占有人应当承担赔偿责任。

第二百四十三条 不动产或者动产被占有人占有的,权利人可以请求返还原物及其孳息,但应当支付善意占有人因维护该不动产或者动产支出的必要费用。

第二百四十四条 占有的不动产或者动产毁损、灭失,该不动产或者动产的权利人请求赔偿的,占有人应当将因毁损、灭失取得的保险金、赔偿金或者补偿金等返还给权利人;权利人的损害未得到足够弥补的,恶意占有人还应当赔偿损失。

第二百四十五条 占有的不动产或者动产被侵占的,占有人有权请求返还原物;对妨害占有的行为,占有人有权请求排除妨害或者消除危险;因侵占或者妨害造成损害的,占有人有权请求损害赔偿。

占有人返还原物的请求权,自侵占发生之日起一年内未行使的,该请求权消灭。

附　则

第二百四十六条 法律、行政法规对不动产统一登记的范围、登记机构和登记办法作出规定前,地方性法规可以依照本法有关规定作出规定。

第二百四十七条 本法自 2007 年 10 月 1 日起施行。

深化农村改革综合性实施方案

（2015 年 11 月 2 日，中国政府网公布中共中央办公厅、国务院办公厅印发的《深化农村改革综合性实施方案》）

农村改革是全面深化改革的重要内容。根据党中央、国务院的决策部署，农村各项改革正在扎实开展，一些重要改革事项试点工作正在有序推进。当前，我国经济发展进入新常态，新型工业化、信息化、城镇化、农业现代化持续推进，农村经济社会深刻变革，农村改革涉及的利益关系更加复杂、目标更加多元、影响因素更加多样、任务也更加艰巨。农村改革综合性强，靠单兵突进难以奏效，必须树立系统性思维，做好整体谋划和顶层设计，找准牵一发而动全身的牛鼻子和主要矛盾，进一步提高农村改革决策的科学性。要从总体上把握好农村改革的方向，提出深化农村改革总的目标、大的原则、基本任务、重要路径，从全局上更好地指导和协调农村各项改革，加强各项改革之间的衔接配套，最大限度释放改革的综合效应。

根据中央统一部署，从提高农村改革的系统性、整体性、协同性出发，特制定深化农村改革综合性实施方案。

一、总体要求

（一）指导思想

全面贯彻党的十八大和十八届二、三、四中全会精神，以邓小平理论、"三个代表"重要思想、科学发展观为指导,深入贯彻习近平总书记系列重要讲话精神,认真落实党中央、国务院的决策部署,主动适应经济发展新常态,紧紧围绕全面建成小康社会、全面深化改革、全面依法治国、全面从严治党的战略布局,不断巩固和完善中国特色社会主义农村基本经济制度,加快农业发展方式转变,健全保障国家粮食安全、促进农业可持续发展和农民持续增收的体制机制,着力破除城乡二元结构的体制障碍,为加快推进中国特色农业农村现代化提供制度保障,为实现"两个一百年"奋斗目标和中华民族伟大复兴的中国梦奠定坚实基础。

(二)目标任务

到2020年,农村各类所有制经济尤其是农村集体资产所有权、农户土地承包经营权和农民财产权的保护制度更加完善,新型农业经营体系、农业支持保护体系、农业社会化服务体系、农业科技创新体系、适合农业农村特点的农村金融体系更加健全,城乡经济社会发展一体化体制机制基本建立,农村社会治理体系和农村基层组织制度更加完善,农民民主权利得到更好保障,农业农村法律法规进一步完善并加强,农村基层法治水平进一步提高,农业现代化水平和农民生活水平进一步提升,农村经济社会发展更具活力。

(三)基本原则

1.坚持农村多种所有制经济共同发展。在坚持土地公有制性质基础上,加强对农村各种所有制经济组织和农民家庭合法财产权益的保护,赋予农村各种所有制经济组织同等的市场主体地位,保证其依法公平参与市场竞争、同等受到法律保护,促进农村集体经济、农户家庭经济、农民合作经济、各种私人和股份制经济、供销合作社经济以及国有农场林场等国有经济共同发展。

2.坚持和完善农村基本经营制度。把握好土地集体所有制和家庭承包经营的关系,现有农村土地承包关系保持稳定并长久不变,落实集体所有权,稳定农户承包权,放活土地经营权,实行"三权分置"。坚持家庭经营在农业中的基础性地位,创新农业经营组织方式,推进家庭经营、集体经营、合作经营、企业经营等共同发展。

3.坚持社会主义市场经济改革方向。调整不适应农村社会生产力发展要求的生产关系,健全符合社会主义市场经济要求的农村经济体制,充分发挥市场在资源配置中的决定性作用,加强国家对农业的支持保护,促进农业尽快转到数量质量效益并重、注重提高竞争力、注重农业技术创新、注重可持续的集约发展上来。

4.坚持保障农民权益。把实现好、维护好、发展好广大农民的根本利益作为深化农村改革的出发点和落脚点,切实保障农民合法经济利益,尊重农民民主权利。

5.坚持统筹兼顾。统筹考虑农业和农村发展,统筹考虑城乡改革发展,统筹考虑公平和效率。

6.坚持循序渐进、试点先行。发挥好基层和群众首创精神,在把握方向、坚守底线前提下,鼓励积极探索、大胆创新,允许采取差异性、过渡性的制度和政策安排。认真组织好农村改革试点工作,及时总结可复制、可推广的经验。对突破现行法律法规的重大改革,要按程序报批,取得授权,在一定范围内开展试点。

7.坚持党对"三农"工作的领导。必须始终把加强党对"三农"工作的领导作为推进农村改革发展的政治保证,提高依法做好"三农"工作的能力和水平。在中央的统一领导下,积极稳妥深化农村各项改革。

二、关键领域和重大举措

全面深化农村改革涉及经济、政治、文化、社会、生态文明和基层党建等领域,涉及农村多种所有制经济主体。当前和今后一个时期,深化农村改革要聚焦农村集体产权制度、农业经营制度、农业支持保护制度、城乡发展一体化体制机制和农村社会治理制度等 5 大领域。对这 5 大领域改革的核心问题,要明确大的方向、主要内容和重大方针对策,进一步理清改革思路。

（一）深化农村集体产权制度改革

以土地集体所有为基础的农村集体所有制，是社会主义公有制的重要形式，是实现农民共同富裕的制度保障。在土地集体所有基础上建立的农村集体经济组织制度，与村民自治组织制度相交织，构成了我国农村治理的基本框架，为中国特色农业农村现代化提供了基本的制度支撑。建立健全符合社会主义市场经济体制要求和社会主义初级阶段实际的农村集体产权制度，必须以保护农民集体经济组织成员权利为核心，以明晰农村集体产权归属、赋予农民更多财产权利为重点，探索社会主义市场经济条件下农村集体所有制经济的有效组织形式和经营方式，确保集体经济发展成果惠及本集体所有成员，进一步发挥集体经济优越性，进一步调动集体经济组织成员积极性。

1.深化农村土地制度改革。坚守土地公有性质不改变、耕地红线不突破、农民利益不受损"三条底线"，防止犯颠覆性错误。深化农村土地制度改革的基本方向是：落实集体所有权，稳定农户承包权，放活土地经营权。落实集体所有权，就是落实"农民集体所有的不动产和动产，属于本集体成员集体所有"的法律规定，明确界定农民的集体成员权，明晰集体土地产权归属，实现集体产权主体清晰。稳定农户承包权，就是要依法公正地将集体土地的承包经营权落实到本集体组织的每个农户。放活土地经营权，就是允许承包农户将土地经营权依法自愿配置给有经营意愿和经营能力的主体，发展多种形式的适度规模经营。

一是开展农村土地征收、集体经营性建设用地入市、宅基地制度改革试点。及时总结经验、不断完善，形成可复制、可推广的改革成果。农村土地征收制度改革的基本思路是：缩小土地征收范围，规范土地征收程序，完善对被征地农民合理、规范、多元保障机制，建立兼顾国家、集体、个人的土地增值收益分配机制，合理提高个人收益。集体经营性建设用地制度改革的基本思路是：允许土地利用总体规划和城乡规划确定为工矿仓储、商服等经营性用途的存量农村集体建设用地，与国有建设用地享有同等权利，在符合规划、用途管制和依法取得的前提下,可以出让、租赁、入股,完善入市交易规则、服务监管制度和土地增值收益的合理分配机制。宅基地制度改革的基本思路是:在保障农户依法取得的宅基地用益物权基础上,改革完善农村宅基地制度,探索农民住房保障新机制,对农民住房财产权作出明确界定,探索宅基地有偿使用制度和自愿有偿退出机制,探索农民住房财产权抵押、担保、转让的有效途径。

二是深化农村土地承包经营制度改革。抓紧修改有关法律,落实中央关于稳定农村土地承包关系并保持长久不变的重大决策,适时就二轮承包期满后耕地延包办法、新的承包期限等内容提出具体方案。在基本完成农村集体土地所有权确权登记颁证的基础上,按照不动产统一登记原则,加快推进宅基地和集体建设用地使用权确权登记颁证工作。明确和提升农村土地承包经营权确权登记颁证的法律效力,扩大整省推进试点范围,总体上要确地到户,从严掌握确权确股不确地的范围。出台农村承包土地经营权抵押、担保试点指导意见。在有条件的地方开展农民土地承包经营权有偿退出试点。制定出台完善草原承包经营制度的文件,规范草原承包行为和管理方式,充分调动广大牧民保护和建设草原的积极性。引导农村集体所有的荒山、荒沟、荒丘、荒滩使用权有序流转。

三是健全耕地保护和补偿制度。严格实施土地利用总体规划,加强耕地保护,全面开展永久基本农田划定工作,实行特殊保护。完善土地复垦制度,盘活土地存量,建立土地复垦激励约束机制,落实生产建设毁损耕地的复垦责任。加大中低产田改造力度,以增加高产稳产基本农田、改善农业生产条件和生态环境为目标,完善农村土地整治办法。依法加强耕地占补平衡规范管理,强化耕地占补平衡的法定责任,完善占补平衡补充耕地质量评价体系,确保补充耕地数量到位、质量到位。完善耕地和基本农田保护补偿机制。采取更有力的措施,加强对耕地占补平衡的监管,坚决防止占多补少、占优补劣、占水田补旱田现象,杜绝违规占用林地、湿地补充耕地。进一步落实耕地保护政府领导干部离任审计制度。按照有关法律法规,完善和拓展城乡建设用地增减挂钩、"地票"等试点,推动利用城乡建设用地增减挂钩政策支持易地扶贫搬迁。

2.分类推进农村集体资产确权到户和股份合作制改革。在确认农村集体经济组织成员身份、全面核实农村集体资产基础上,对土地等资源性资产,重点是抓紧抓实土地承包经营权确权登记颁证工作;对非经营性资产,重点是探索有利于提高公共服务能力的集体统一运营管理有效机制;对经营性资产,重点是将资产折股量化到本集体经济组织成员,赋予农民对集体资产更多权能,发展多种形式的股份合作。健全农村集体"三资"管理监督和收益分配制度。明确集体经济组织市场主体地位。建立符合实际需求的农村产权流转交易市场,保障农村产权依法自愿公开公正有序交易。现阶段农村集体产权制度改革严格限定在本集体经济组织内部进行,切实防止集体经济组织内部少数人侵占、支配集体资产,防止外部资本侵吞、控制集体资产。

3.深化林业和水利改革。实行最严格的林地用途管制制度。以放活经营权、落实处置权、保障收益权为重点,深化配套改革,完善集体林权制度。实行森林分类经营管理,完善林木采伐权,管好公益林、放活商品林,调动林农和社会力量发展林业的积极性。稳步推进国有林场和国有林区改革。研究提出加强天然林资源保护的指导意见,有序停止天然林商业性采伐。开展小型水利工程管理体制改革,明确工程所有权和使用权,落实管护主体,促进水利工程良性运行。

(二)加快构建新型农业经营体系

发展多种形式的农业适度规模经营是农业现代化的必由之路,必须以提高土地产出率、资源利用率、劳动生产率为核心,加快培育家庭农场、专业大户、农民合作社、农业产业化龙头企业等新型农业经营主体,构建符合国情和发展阶段的以农户家庭经营为基础、合作与联合为纽带、社会化服务为支撑的立体式、复合型现代农业经营体系,提高农业经营集约化、规模化、组织化、社会化、产业化水平。

4.推动土地经营权规范有序流转。在农村耕地实行所有权、承包权、经营权"三权分置"的基础上,按照依法自愿有偿原则,引导农民以多种方式流转承包土地的经营权,以及通过土地经营权入股、托管等方式,发展多种形式的适度规模经营。把握好土地经营权流转、集中和规模经营的度,不片面追求超大规模经营,不搞大跃进,不搞强迫命令,不搞行政瞎指挥,使适度规模经营与农村劳动力转移、农业科技进步、农业社会化服务水平相适应。提升农户家庭经营能力和水平,重点发展以家庭成员为主要劳动力、以农业为主要收入来源、从事专业化集约化农业生产的规模适度的农户家庭农场,使之成为发展现代农业的有生力量。适时提出促进家庭农场发展的相关立法建议。

5.加强农民合作社规范化建设。加强农民专业合作社和土地股份合作社规范化建设,深入推进示范社建设行动。鼓励农民合作社发展农产品加工业务,创新农业产业链组织形式和利益联接机制,构建农户、合作社、企业之间互利共赢的合作模式,让农民更多分享产业链增值收益。进一步创新财政支持农民合作社发展机制,允许政府项目直接投向符合条件的合作社。完善农民以承包土地经营权入股发展农业产业化经营的政策。

6.创新农业社会化服务机制。家庭经营在相当时期内仍是农业生产的基本力量,要通过周到便利的社会化服务,把农户经营引入现代农业发展轨道。充分发挥农业公益性服务机构作用,大力培育多种形式的农业经营性服务组织,健全覆盖全程、综合配套、便捷高效的社会化服务体系。开展政府向农业经营性服务组织购买公益性服务机制创新试点。

7.培养职业农民队伍。制定专门规划和切实可行的政策,吸引年轻人务农,培育新型职业农民,造就高素质的新型农业生产经营者队伍。扶持有技能和经营能力的农民工返乡创办家庭农场、领办农民合作社,创立农产品加工、营销企业和农业社会化服务组织。

8.健全工商资本租赁农地的监管和风险防范机制。对工商资本租赁农户承包地作出明确规定,建立严格的资格审查、项目监管和定期督查机制,禁止以农业为名圈占土地从事非农建设,防止"非粮化"现象蔓延。鼓励和支持工商企业发展适合企业化经营的现代种养业、农产品加工流通和农业社会化服务,向农业输入现代生产要素和经营模式。探索建立工商资本农地租赁风险保障金制度。

9.推进农垦改革发展和全面深化供销合作社综合改革。研究出台推进农垦改革发展的政策措施,深化垦区集团化、农场企业化改革,创新行业指导管理体制、企业市场化经营体制、农场经营管理体制,明晰农垦国有资产权属关系,建立符合农垦特点的国有资产监管体制,进一步推进农垦办社会职能改革。按照为农服务的宗旨和政事分开、社企分开的方向,因地制宜推进体制改革和机制创新,把供销合作社打造成为与农民利益联结更紧密、为农服务功能更完备、市场化运作更高效的合作经济组织体系,使之成为服务农民生产生活的生力军和综合平台。

(三)健全农业支持保护制度

对农业实行必要的支持保护是发展现代农业的客观需要,要坚持多予少取放活的基本方针,以保障主要农产品供给、促进农民增收、实现农业可持续发展为重点,加大农业支持保护力度,提高农业支持保护效能,完善农业生产激励机制,加快形成覆盖全面、指向明确、重点突出、措施配套、操作简便的农业支持保护制度。

10.建立农业农村投入稳定增长机制。把农业农村作为财政支出的优先保障领域,中央预算内投资继续向农业农村倾斜,确保农业农村投入只增不减。进一步优化财政支农支出结构,转换财政资金投入方式,通过政府与社会资本合作、政府购买服务、担保贴息、以奖代补、民办公助、风险补偿等措施,带动金融和社会资本投向农业农村,发挥财政资金的引导和杠杆作用。大力清理、整合、规范涉农转移支付资金,对"小、散、乱"及效果不明显的涉农专项资金要坚决整治;对目标接近、投入方向类同的涉农专项资金予以整合;对地方具有管理信息优势的涉农支出,划入一般性转移支付切块下达,由地方统筹支配,落实监管责任。建立规范透明的管理制度,杜绝任何形式的挤占挪用、层层截留、虚报冒领,切实提高涉农资金投入绩效。合理划分中央与地方支农事权,明确政府间应承担和分担的支出责任,推进各级政府支农事权规范化、法律化。

11.完善农产品价格形成机制和农产品市场调控制度。根据各类主要农产品在国计民生中的重要程度,采取"分品种施策、渐进式推进"的办法,完善农产品价格形成机制。改进并继续执行稻谷、小麦最低收购价政策。按照"价补分离"的思路,继续实施棉花和大豆目标价格改革试点,完善补贴发放办法。改革、完善玉米收储政策。改进农产品市场调控方式,避免政府过度干预,搞活市场流通,增强市场活力。完善农产品收储政策,坚持按贴近市场和保障农民合理收益的原则确定收储价格,降低储备成本,提高储备效率。加强粮食现代仓储物流设施建设,积极鼓励引导流通、加工等各类企业主体参与粮食仓容建设和农产品收储,规范收储行为,培育多元化市场主体。创新农产品流通方式,强化以信息化为支撑的农产品现代流通体系建设,大力发展农产品流通新型业态,发挥电子商务平台在联结农户和市场方面的作用。

12.完善农业补贴制度。保持农业补贴政策连续性和稳定性,调整改进"黄箱"支持政策,逐步扩大"绿箱"支持政策实施规模和范围,提高农业补贴政策效能。开展农业补贴改革试点,将现行的"三项补贴"(农作物良种补贴、种粮直补、农资综合补贴)合并为"农业支持保护补贴",优化补贴支持方向,突出耕地保护和粮食安全。保持与现有政策的衔接,调整部分存量资金和新增补贴资金向各类适度规模经营的新型农业经营主体倾斜,合理确定支持力度,不人为"垒大户"。进一步拓宽财政支农资金的渠道,突出财政对农业的支持重点,持续增加农业基础设施建设、农业综合开发投入,完善促进农业科技进步、加强农民技能培训的投入机制,强化对农业结构调整的支持,加大对农业投入品、农机具购置等的支持力度。健全粮食主产区利益补偿机制。健全快捷高效的补贴资金发放办法,鼓励有条件的地方探索对农民收入补贴的办法。

13.建立农田水利建设管理新机制。积极推进农业水价综合改革,对农业用水实行总量控制和定额管理,配套完善供水计量设施,建立有利于节水的农业水价形成机制。建立农业用水精准补贴制度和节水激励机制。鼓励社会资本参与农田水利工程建设和运营维护。

14.深化农业科技体制改革。坚持科技兴农、人才强农,推进农业科研院所改革,打破部门条块分割,有效整合科技资源,建立协同创新机制,促进产学研、农科教紧密结合。完善科研立项和成果转化评价机制,强化对科技人员的激励机制,促进农业科研成果转化。扶持种业发展,做强一批"育繁推"一体化的大型骨干种子企业。完善基层农技推广服务体系,探索公益性农技推广服务的多种实现形式。

15.建立农业可持续发展机制。推广减量化和清洁化农业生产模式,健全农业标准化生产制度,完善农业投入品减量提效补偿机制。发展生态循环农业,构建农业废弃物资源化利用激励机制。实施耕地质量保护与提升行动,加强重金属污染耕地治理和东北黑土地保护。深入推进退耕还林还草、还湿还湖、限牧限渔。完善森林、草原、湿地、水源、水土保持等生态保护补偿制度。建立健全生态保护补偿资金稳定投入机制。

16.加快农村金融制度创新。坚持商业性金融、合作性金融、政策性金融相结合,健全政策支持、公平准入和差异化监管制度,扩大农村金融服务规模和覆盖面,创新农村金融服务模式,全面提升农村金融服务水平,促进普惠金融发展,加快建立多层次、广覆盖、可持续、竞争适度、风险可控的现代农村金融体系。健全金融机构农村存款主要用于农业农村的制度,完善政策性金融支持农业开发和农村建设的制度。进一步完善中国农业银行"三农金融事业部"的管理体制和运行机制,全面提升服务"三农"和县域经济的能力和水平。稳定农村信用社县域法人地位,完善治理结构。鼓励邮政储蓄银行拓展农村金融业务。鼓励组建政府出资为主、重点开展涉农担保业务的县域融资担保机构或担保基金。完善农村信贷损失补偿机制,探索建立地方财政出资的涉农信贷风险补偿基金。稳妥开展农村承包土地的经营权和农民住房财产权抵押贷款试点,创新和完善林权抵押贷款机制,拓宽"三农"直接融资渠道。坚持社员制、封闭性原则,在不对外吸储放贷、不支付固定回报的前提下,以具备条件的农民合作社为依托,稳妥开展农民合作社内部资金互助试点,引导其向"生产经营合作＋信用合作"延伸。金融监管部门负责制定农村信用合作组织业务经营规则和监管规则,地方政府切实承担监管职责和风险处置责任。完善地方农村金融管理体制,推动地方建立市场化风险补偿机制,有效防范和化解地方金融风险。推进农村信用体系建设,开展新型农业经营主体信用评级与授信。完善农业保险制度,支持有条件的地区成立农业互助保险组织,扩大农业保险覆盖面,开发适合新型农业经营主体需求的保险品种,提高保障水平。深入开展农产品目标价格保险试点。研究完善农业保险大灾风险分散机制。

(四)健全城乡发展一体化体制机制

城乡发展一体化是解决我国"三农"问题的根本途径,必须坚持工业反哺农业、城市支持农村的基本方针,协调推进城镇化和新农村建设,加快形成以工促农、以城带乡、工农互惠、城乡一体的新型工农城乡关系,努力缩小城乡发展差距。

17.完善城乡发展一体化的规划体制。加快规划体制改革,构建适应我国城乡统筹发展的规划编制体系,完善各类规划编制、审批和实施监管制度,健全县市域空间规划衔接协调机制。尽快修订完善县域乡村建设规划和镇、乡、村庄规划,在乡镇土地利用总体规划控制下,探索编制村土地利用规划,提高规划科学性和前瞻性,强化规划约束力和引领作用。

18.完善农村基础设施建设投入和建管机制。进一步加大公共财政对农村基础设施建设的投入力度。加快基础设施向农村延伸,探索建立城乡基础设施和公共服务设施互联互通、共建共享的机制。创新农村基础设施和公共服务设施决策、投入、建设和运行管护机制,建立自下而上的民主决策机制,通过村民自选、自建、自管、自用等方式,更好地发挥农民主体作用。积极引导社会资本参与农村公益性基础设施建设、管护和运营。

19.推进形成城乡基本公共服务均等化的体制机制。完善县域城乡义务教育资源均衡配置的机制。建立城乡统筹的公共文化服务体系建设协调机制。建立覆盖城乡的基本医疗卫生制度,整合城乡居民基本医疗保险制度。健全全国统一的城乡居民基本养老保险制度,完善待遇确定和正常调整机制。推进最低生活保障制度城乡统筹发展。加强农村留守儿童、妇女、老人关爱服务体系建设。规范基本公共服务标准体系,促进城乡区域标准水平统一衔接可持续,完善综合监测评估制度。鼓励地方开展统筹城乡的基本公共服务制度改革试点。

20.加快推进户籍制度改革。充分考虑各类城镇的经济社会发展水平、综合承载能力和提供基本公共服务能力,细化完善和实施差别化落户政策,促进有能力在城镇稳定就业和生活的常住人口有序实现市民化。加快建立和实施居住证制度,以居住证为载体,逐步实现基本公共服务对常住人口的全覆盖。构建政府、企业、个人共同参与的农业转移人口市民化成本分担机制,明确各级政府承担的相应支出责任,增强吸纳农业转移人口较多地区政府公共服务保障能力。切实维护进城落户农民的土地承包权、宅基地使用权、集体收益分配权。

21.完善城乡劳动者平等就业制度。进一步清理针对农民工就业的歧视性规定,保障城乡劳动者平等就业的权利。加强覆盖城乡的公共就业创业服务体系建设。完善就业失业登记管理制度。落实鼓励农村劳动力创业政策。落实农民工与城镇职工同工同酬原则,突出解决好农民工工资拖欠问题。扩大农民工参加城镇社会保障覆盖面,把进城落户的农业转移人口完全纳入城镇社会保障体系。完善社会保障关系转移接续政策。

(五)加强和创新农村社会治理

随着市场化、工业化、城镇化的快速推进,农村社会治理面临新挑战,必须坚持党政主导、农民主体、社会协同,围绕提高农村基层治理水平,加强乡镇服务型政府建设,发挥好基层党组织在农村各类经济、社会组织中的领导核心作用,完善村民自治组织民主制度,形成规范有序、充满活力的乡村治理机制。

22.加强农村基层党组织建设。认真贯彻党要管党、从严治党的要求，始终坚持农村基层党组织领导核心地位不动摇，深入整顿软弱涣散村党组织，把农村基层组织建设成坚强的战斗堡垒，不断夯实党在农村基层执政的组织基础。创新完善农村基层党组织设置和活动方式，扩大组织覆盖和工作覆盖。加强乡村两级党组织班子建设，选好用好管好带头人，向软弱涣散村党组织和贫困村党组织选派第一书记。严肃农村基层党内政治生活，用严以修身、严以用权、严于律己和谋事要实、创业要实、做人要实的要求，加强党员日常教育管理，做好农村发展党员工作，发挥党员先锋模范作用。严肃处理违反党纪党规的行为，坚决查处挤占挪用惠农资金、侵占征地补偿款、侵吞集体资产等发生在农民身边的腐败行为，建立健全党组织领导下的村务监督机制，保持农村基层党组织的纯洁性和凝聚力。进一步加强农村基层服务型党组织建设，强化县乡村三级便民服务网络建设，多为群众办实事，贴近群众、团结群众、引导群众、赢得群众，带领群众共同脱贫致富奔小康。严格落实农村基层党建责任制，发挥县级党委"一线指挥部"作用，加大抓乡促村工作力度。

23.健全农村基层民主管理制度。以扩大有序参与、推进信息公开、健全议事协商、强化权力监督为重点，健全村党组织领导的充满活力的村民自治机制，探索村民自治的有效实现形式。在有实际需要的地方，依托土地等集体资产所有权关系和乡村传统社会治理资源，开展以村民小组或自然村为基本单元的村民自治试点；在已经建立新型农村社区的地方，开展以农村社区为基本单元的村民自治试点。探索以村民会议、村民代表会议为载体，创新村民议事形式，完善议事决策主体和程序，落实群众知情权和决策权。建立务实管用的村务监督机制，理顺村务监督机构与其他村级组织的关系，切实发挥村务监督机构作用，落实群众监督权。积极探索村民议事会、村民理事会等协商形式，重视吸纳利益相关方、社会组织、驻村单位参加协商。研究明确村党组织、村民委员会、村务监督机构、农村集体经济组织的职能定位及相互关系。在进行农村集体产权制度改革、组建农村股份合作经济组织的地区,探索剥离村"两委"对集体资产经营管理的职能,开展实行"政经分开"试验,完善农村基层党组织领导的村民自治组织和集体经济组织运行机制。

24.加强农村精神文明建设。加大农村思想道德建设力度,有针对性地开展社会主义核心价值观教育,提高农民综合素质,提升农村社会文明水平。开展文明村镇创建活动,修订乡规民约。充分发挥公共文化服务在农村精神文明建设中的平台和支撑作用,加强农村基层公共文化体育资源的整合利用,提高设施利用效能。建立广播电视村村通、文化信息资源共享、乡镇综合文化站、农村电影放映、农家书屋、体育健身等重点文化体育工程有效合作机制。采取政府购买、项目补贴、定向资助等方式,支持社会各类文化组织和机构参与农村公共文化服务。抓好农村业余文化骨干队伍建设,加强农村题材文艺作品的创作生产。保护和传承具有民族特色的农耕文明,加强农村地区的文化遗产保护。广泛开展具有乡土特色的文化活动,推动文化与特色农业有机结合,提升农产品文化附加值。引导和组织农民成立村民议事会、道德评议会、禁赌禁毒会、红白理事会,发挥乡规民约的积极作用。

25.创新农村扶贫开发体制机制。着眼全面建成小康社会、不让农村贫困人口掉队的要求,分类施策,加快健全精准扶贫工作机制,完善贫困县考核机制,完善干部驻村帮扶机制,完善扶贫资金管理机制,完善金融服务机制,创新社会参与机制,建立扶贫对象动态调整机制,完善扶贫开发与农村低保有效衔接的机制。完善片区联系工作机制,推动片区规划实施与减少贫困人口的目标相结合,将政策、项目等落到实处。抓紧研究制定扶贫开发的重大举措,确保在既定时间节点打赢扶贫开发攻坚战,加快贫困群众脱贫致富、贫困地区全面建成小康社会步伐。

26.深化农村行政执法体制改革。加强农村基层执法力量,推行对食品药品安全、工商质检、公共卫生、安全生产、文化旅游、资源环境、农林水利、交通运输、城乡建设、海洋渔业等领域的综合执法，确保有关法律法规执行，依法维护农村生产生活秩序，提高农村基层法治水平。

三、（略）

四、加强组织领导

各级党委和政府要按照党中央、国务院的总体部署，切实增强领导、组织、监督农村改革工作的主动性和自觉性。要坚持问题导向，下大力气解决好农民群众最关心最直接最现实的利益问题。要完善各级党委和政府推进农村改革的领导体制和工作机制，健全和落实责任制度。主要负责同志要亲自抓农村改革工作，把握好方向和路径，加强对农村改革工作的指导，确保各项农村改革措施落到实处。

后 记

在西南财经大学的时光里，本着求真的精神，我努力树立对经济学、金融学宏观的整体的清晰的认识，广泛涉猎了哲学、历史、经济学、金融学方面的名著，逐渐树立了自己的学术理念和治学方法，努力将历史分析、理论分析和实证分析相结合，正确理解形而上的理论的正确性和局限性，从而能够真正为认识和解决现实的问题有所帮助，为国家和社会略尽蜂蚁之力。

感谢我的导师甘犁教授，甘犁教授的乐观、博学、睿智永远是我学习的榜样。他现代的经济学教育模式也使我具备了扎实的计量经济学功底，导师对新知识、新方法的敏感以及对问题独到的洞察力，常常使我惊讶不已。

感谢我的导师樊纲治教授，他务实的治学态度和经常的鼓励，使我受益匪浅。

一次次的越洋电话和及时的资料提供给本书的写作提供了扎实的基础。

感谢经管院的周书记、郭建南老师、袁燕老师、何勤英老师、吴昱老师和黄霖老师！这些年轻的海归学者给我们带来了西方经济学的最新理论和方法。在这些年轻的经济学海归学者的身上，我看到了他们对现代经济学本土化的不懈努力和追求！

千里有缘来相会，缘起缘落心相知。感谢我的博士同学们陪我度过这不平凡的时光，感谢张立明博士、高强博士、李相敏博士、李象涵博士、李敬宇博士、王伟博士以及经管院09级的所有博士们！

　　感谢和我一起参与中国金融调查的西财的博士、硕士、学士同学们！理论往往是苍白无力的，实践才是长青之树。在这些同学身上，我真正感受到了西财的力量和西财的精神！

　　感谢宁夏自然科学基金项目(NZ14044)对本书出版的资助。

　　本书参考了国内外的相关出版物，见本书脚注和所列的参考文献，在此表示诚挚的感谢。限于时间和水平，书中不妥之处在所难免，恳请读者、同行和专家批评指正！

　　最后，感谢我的爱人韩惠丽教授，在我脱产读书的期间，她不仅自己忙于科研教学和行政工作，还要照顾家人。唯以此书献给她！

房彦兵

2013 年 4 月于柳林明辨园